障害をもつ人々の社会参加と参政権

井上英夫
川﨑和代
藤本文朗
山本　忠
編著

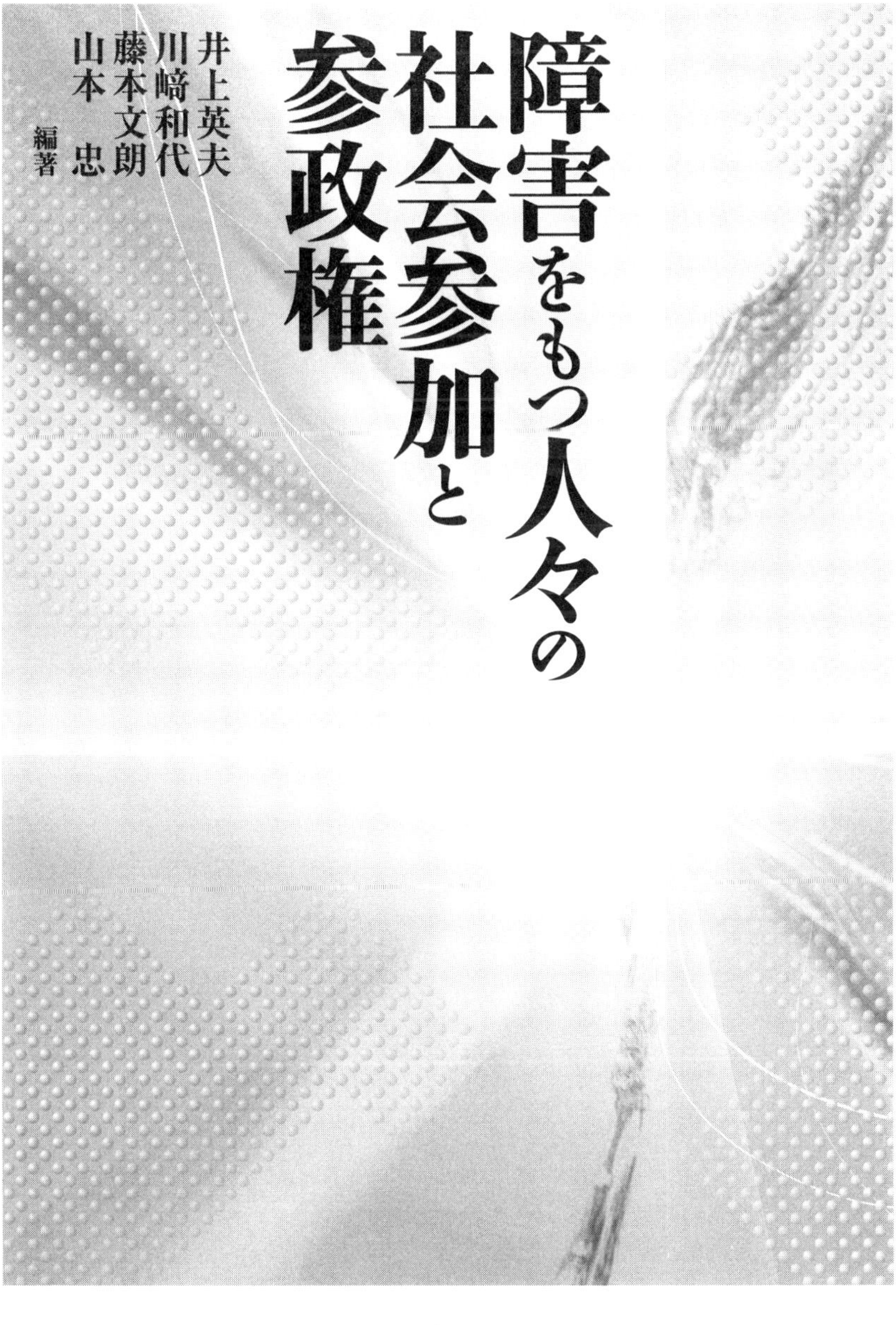

法律文化社

はしがき

二〇一〇年九月二二日、岐阜地裁内田計一裁判長（永山倫代、山本菜有子裁判官）は、発声障害をもつ議員が市議会に代読による発言を求めた中津川代読事件において市議会の過失を認め、原告小池公夫元市議会議員に対して一〇万円の賠償を認めるという判決を下した。私は、本書のフィールドⅢの1において、障害をもつ人の社会参加と人権保障の国際的発展のなかに参政権保障を位置づけ、最後に岐阜地裁の裁判官に、人権の砦としての裁判所そして人権のにない手への期待を述べて稿を閉じた。

小池さんの請求額は、一千万円である。参政権とコミュニケーション保障という人権の侵害、剝奪に対する代償として当然の請求である。しかし、裁判所の認定額はその一〇〇分の一、一〇万円であった。まさに一％判決である。被告となった議員諸氏はともかく、裁判官の人権感覚のなさに失望したというより、この国の司法の姿に情けない思いがしている。

小池さんが怒りをもって控訴したのは当然である。しかし、それでもなお、そのような裁判官でも、一部ではあるが議会、議員の人権侵害を認定せざるをえなかった。そこには、世界そして日本の障害をもつ人々の人間の尊厳と自己決定・選択の自由の原理の保障という人権発展の大きな潮流におびえながら、なお、「法律論」という衣により、中津川市議会そして自らの空虚な権威を守ろうとする裁判官の姿を見るのである。

この判決に先駆けた六月、朝日訴訟東京地裁判決五〇周年記念事業の一環で一冊のパンフレットが発行された。憲法第二五条と生活保護法が「健康で文化的な最低限度の生活」を営む権利、すなわち生存権を保障していることを国、そして社会に広く知らしめた画期的な東京地裁判決を起案した小中信幸元左陪席裁判官の手記である（NPO法人朝日訴訟の会『人間裁判－元裁判官の手記』）。手記に現れた浅沼武裁判長、萱野啓蔵右陪席、そして小中氏の信念と意志の強さ、その一方での誠実でかつ人間味の感じられる裁判官像と、今回の岐阜地裁民事第二部の裁判官と、同じ裁判官、法廷でもなんと違うことか。

一方で、また、判決後小池氏に謝罪した議員が六人に達したことは救われた思いがする（なお、二二名が対象となっているが）。本書がテーマとした障害のある人の社会参加とその核としての参政権保障発展の大きな潮流が、なお時間はかかるかもしれないが、中津川市議会、市、そして裁判所、さらには公職選挙法を木っ端みじんに砕く時が来るであろう。一％裁判すら認められず控訴した議員諸氏に歴史の鉄槌が下る日は近いと確信するものである。

本書の成るについては、編集委員の一人である藤本文朗氏のご尽力が大きい。一九九三年に私の編集した法律文化社刊の『障害をもつ人々と参政権』を読んだということで、続編を出せ、とファックスをいただいたことから本づくりが始まった。すでに本文中でも紹介されている郵便投票の取り組みをはじめ、さらに「研究会を立ち上げるからお前も来い」ということであった。ベトちゃんドクちゃん支援、そしてベトナム戦争の不条理を如実に社会に示した、その正義感と行動力がなければ本書は完成をみなかったであろう。

というわけで、本書は、『障害をもつ人々と参政権』から一七年、その間の障害をもつ人の社会参加と人権保障の広がりを踏まえ、とりわけ、社会参加の中核となるべき参政権保障の現状と将来展望を語るものである。本書は、障害をもつ人の参政権保障を核とした社会参加を発展させるために法律と福祉そして教育を架橋し、その歴史と現状を検討し、さらに公職選挙法改正、社会福祉サービスの改善等具体的政策を提起している。本書の刊行が統一地方選挙の時期に重なった。また、衆議院解散も話題になっている。政治の貧困が障害をもつ人々に一層の困難をもたらしている。参政権保障を選挙の争点にすること、そして候補者、選挙管理委員会、福祉行政などに直接本書の提起する改善点の実現を迫ることも有効であろう。また、本書は基本的に現行制度を前提とした障害別の構成になっているが、障害の「種別」、程度・等級の壁を超え、多くの障害をもつ人々が執筆者、協力者として参加している。障害＝固有のニーズをもつ人々の人権（固有の人権）を保障することは、すべての人の人間としての共通の人権（普遍的人権）を確立することに通じるわけである。そのための障害をもつ人と障害のない人の参加と連帯の書が本書である。本書が十分に活用され、障害をもつ人の参政権と社会参加、そして日本の民主主義と人権保障が一層発展することを期待している。

障害をもつ人々、そしてすべての人々の人権保障にとって、時代は大きな転換点にある。その象徴が、二〇〇六年の国連の「障害のある人の権利条約」の採択であり、人間の尊厳の理念、自己決定・選択の自由そして差別禁止・平等の原理がうたわれた。日本でも、その理念や原理を掲げた障害者基本法そして障害者自立支援法も制定されている。しかしその実態は、自立・自助、自己責任の強調による就労支援等であり、むしろ社会保障・社会福祉制度の後退、削減政策に結びつけられ、看板とは似て非なるものであることが明らかになってきた。激しい批判を受けた障害者自立支援法を廃止し、新たな総合福祉法の制定と条約批准が求められる事態になっている。この間の障害をもつ人々の「私たちのことを私たち抜きで決めないで」という声は、立法府、行政府、司法府を大きく揺り動かしている。まさに政治参加、司法参加、行政参加そして社会参加が、障害をもつ人々の歴史の上でかつてないほどの規模で展開されているのである。

このようななか、社会参加の中核というべき政治参加の権利、すなわち参政権の保障も進んできた。本書では、障害をもつ人々自身の運動、取り組みを、国民さらには人類の「多年にわたる自由獲得の努力の成果」（憲法第九七条）として紹介している。しかし、代読裁判に明らかなように問題、課題は多い。本書が、人権を保持するための「不断の努力」（憲法第一二条）の一つとして、障害をもつ人、そしてすべての人々に人権が保障される社会の建設のために寄与できることを願っている。

なお、わが国では、「障害者」という呼称が、法律上、行政上そして社会的にもあまり疑問なく使用されている。本書では、できる限り障害者という呼称を用いることを避け、障害のある人、障害をもつ人という呼称を用いている。たとえば、二〇〇六年に国連で採択された条約は、「障害をもつ人の権利条約」である。ここにこだわらないと、一九八一年の国際障害者（Disabled Persons）年から、二〇〇六年「障害をもつ人（Persons with Disabilities）の権利条約」へ、人権保障発展の歴史がまったく生かされないことになるからである。さらに、「障害」という言葉自体が問題があるとして、「障碍」者、しょう害者、しょうがい者、チャレンジド等の表現も見られるようにはなった。私自身は、「固有のニーズをもつ人」というべきだと考えているが、次善の策として、「障害をもつ人」あるいは「障害のある人」とした。同様に「健常者」という言葉も「障害のない人」あるいは「障害をもたない人」としている。単なる言葉の問題ではなく、今後、より人間の尊厳、人権保障にふさわしい呼称を追究すべきであろう。

本書は、多数の人々にご執筆いただいた。そして、障害のあるなしを問わず、全国で地道に参政権保障運動を展開されている多くの皆さんのご協力をいただいた。また、法律文化社の田靡純子氏には、前著『障害をもつ人々と参政権』に引き続いて、編集の労をとっていただき、まとめあげていただいた。合わせて感謝申し上げる。

二〇一一年二月一日

編集者を代表して　井上英大

目次●障害をもつ人々の社会参加と参政権

執筆者紹介（五十音順，＊は編著者）

①所属　②ひと言

浅野省三（あさの しょうぞう）　Ⅱ-3
①弁護士・NPO法人いばらき自立支援センター代表理事
②この本が障害をもつ人々の社会参加の一助となれば幸いだと思います。

小椋芳子（おぐら よしこ）　Ⅰ-5
①大阪健康福祉短期大学非常勤講師
②「認知症の投票権」について施設の不在者投票の聞き取りを行い、逆行性記憶障害と政党名の変更の関係がわかるなど予想外の発見ができた。

芝崎孝夫（しばさき たかお）　Ⅱ-2
①「障害をもつ人の参政権保障連絡会」事務局
②二月一日、東京地裁に成年後見の選挙権剝奪は憲法違反と提訴があった。このような一つひとつのたたかいを重視し、参政権保障の前進を！

立岡　晄（たておか あきら）　Ⅰ-4
①きょうされん前理事長／専攻科滋賀の会会長
②知的障害のある人の参政権行使には大きな課題が山積です。この稿をお読みになられた皆様ご意見をお聞かせ下さい。

石野富志三郎（いしの ふじさぶろう）　Ⅰ-2
①財団法人全日本ろうあ連盟理事長
②外国に聴覚障害をもつ議員が数人活躍されているのに、日本では過去（戦後）に一人だけです。二一世紀に新たな政治家が登場すると確信しています。

＊川崎和代（かわさき かずよ）　Ⅲ-概要、2
①大阪夕陽丘学園短期大学教授
②障害をもつ人々が、政治的意思決定のすべての過程で、排除されることなく完全参加できる社会の実現を願って。

渋谷光美（しぶや てるみ）　Ⅰ-1
①羽衣国際大学人間生活学部専任講師
②本書執筆と研究会を通じ、歴史的運動の到達点としての視点と、当事者の選択権・自己決定権保障の観点の重要性とを再認識しました。

橋本佳博（はしもと よしひろ）　Ⅰ-4
①元養護学校教諭
②「学ぶ心は生きる心」をベースに社会科教室をはじめて二三年。これからも、憲法にこだわり、参政権にこだわり続けます。

＊井上英夫（いのうえ ひでお）　はしがき、Ⅲ-1
①金沢大学人間社会環境研究科教授
②本書が十分に活用され、障害をもつ人の参政権と社会参加、そして日本の民主主義と人権保障が発展することを願っています。

国光哲夫（くにみつ てつお）　Ⅰ-6
①社団法人石川勤労者医療協会専務
②その人の状況に応じて投票できる、そんな「参政権保障の個別ケア」が、普通に保障される社会をめざしてゆきましょう。

武田康晴（たけだ やすはる）　Ⅰ-概要、3
①京都華頂大学現代家政学部准教授
②かつて自立生活運動の闘士が「我々の人生は我々が決める」と障害当事者の自己決定権を主張したが、その最たるものが「参政権」であると考える。

林　智樹（はやし ともき）　Ⅰ-2
①金城学院大学現代文化学部教授
②手話通訳者として、聴覚障害のある人々の社会参加の問題にかかわってきました。聴覚障害のある人々の権利を実現するには、手話通訳制度を一層拡充しなければなりません。

福田　直彦（ふくだ　なおひこ）　Ⅰ-1

①京都視覚障害者協会高齢部副部長

②議会制民主主義の国であり、投票によってこそ政治が変えられる。投票権は、我々の基本的人権であり、行使することが義務でもある。

＊藤本文朗（ふじもと　ぶんろう）　Ⅰ-1、Ⅱ-概要、まとめにかえて

①滋賀大学名誉教授

②ⓐ北欧の巡回投票・ゆうびん投票、ⓑキューバの直接民主主義的選挙、ⓒ写真、ロゴマーク、シンボルマークを利用している発展途上国などの外国の例に学び、できるだけ早く日本の選挙制度をかえることなしに真の民主主義はありえない。

古川　崇（ふるかわ　たかし）　Ⅱ-1

①アストラルエス株式会社チーフディレクター

②勉強取材不足は否めず、引き続き多くの方々のご指導ご鞭撻のもと、現状改善の提起・実現を進めて行きたいと思います。拙稿執筆に当たりご教示ご協力いただいたすべての方々に心よりの感謝を。

＊山本　忠（やまもと　ただし）　Ⅲ-3

①立命館大学法学部教授

②障害のある人たちの人権保障が国際水準に達するために、権利条約の批准と国内法の整備は絶対必要です。今、時代が動こうとしています。

吉本哲夫（よしもと　てつお）　Ⅱ-3

①「障害をもつ人の参政権保障連絡会」代表委員・「障害者の生活と権利を守る全国連絡協議会」会長

②基本的人権保障が中心課題となっているとき、本書がたち遅れている参政権保障改善の推進役がはたせたらとねがっています。

Field Ⅰ

障害をもつ人々の参政権：現状と課題【障害別】

近年、障害者福祉の分野では「当事者中心」「当事者主体」という言葉を頻繁に耳にする。少し穿った見方をすれば、いかに長年にわたって障害をもつ人々の主体性が奪われてきたか、障害をもつ人々を客体と捉え、いかに専門家による意思決定が優先されてきたか、というこれまでの状況を色濃く反映しているとみることができる。

ここで「当事者主体」という言葉の意味するところをもう少し丁寧にみると、「当事者主体の援助」という表現にみられるように、この言葉には必ずしも「当事者が主体となる」だけでなく「当事者を主体とする」という意味合いも含まれている。つまり、生活主体は当事者であるが、その当事者を主体においた援助の主体は援助者であるという二つの側面を含んでいるのである。

一方、本書で焦点をあてている参政権については、あくまでも「当事者が主体」でなければならない。参政権は、生活主体である当事者が自らの生活の決定に関与するために保障された権利だからである。日本国憲法では、「平和主義」「基本的人権の尊重」と並ぶ三大原則として「国民主権」を認め、国家のあり方を決定する最高の権力が一人ひとりの国民にあるとしている。その権力を行使する権限の一つが参政権なのである。

フィールドIでは「障害をもつ人々の参政権：現状と課題(1)【障害別】」と題し、障害をもつ人々が、自分たちの所属する国家、自分たちの生活を決定する政治にいかに参加しているか（あるいは参加できていないか）について、その現状と課題を障害別に整理していく。障害をもつ人々が主体として政治に参加し、日本国憲法にうたわれた権利を本当に行使できているのかという視点をもって本書を読み進めていただきたい。

（武田記）

1　視覚障害をもつ人と参政権

福田直彦（京都視覚障害者協会高齢部）
藤本文朗（滋賀大学名誉教授）
渋谷光美（羽衣国際大学）

◉はじめに

現在七五歳のF氏は、八年前に失明し、人に頼らなければ歩行が困難な状態である。そのため、選挙の際の事前投票で、投票所まで出向かなければならないことに困難性を感じていた。何か別の方法がないのかを選挙管理委員会やライトハウスに問い合わせたところ、郵便等による不在者投票制度があることを知った。

F氏は、東山区（京都市）選挙管理委員会に出向き障害者手帳（一級）を提示し、郵便等による不在者投票の申請を行った。申請は受理され、七年間有効（二〇〇七年三月一六日から二〇一四年三月一五日まで）の証明書が交付された。その後二回の選挙で、郵便等による不在者投票をした。しかし、二〇〇八年一〇月一六日に、東山区選挙管理委員会の事務局員二名が来宅し、「あなたは、移動機能障害者ではないので郵便投票者に該当しない」として、証明書の返還を言い渡された。

一度申請受理された郵便による投票の権利の剥奪に憤りを感じていたF氏は、二〇〇九年一月中旬、「東山の福祉と革新の源流を探る会」の呼びかけのために、自宅を訪問した藤本（本書編者）と話した末に、この「一度受理された郵便等による不在者投票の証明書を取り上げられた経過」を怒りを込めて公にすることを決心した。一方、藤本はF氏のその怒りに共鳴し、この問題は単にF氏個人の問題にとどまらない、視覚障害をもつ人の基本的人権としての選挙権行使に関わるものとして、当該選挙管理委員会への交渉を行い、一定の改善策がとられることになった。

本章では、F氏の事例を通じて、視覚障害をもつ人が抱える選挙権に関する今日的な課題とその改善策を明らかにすることを目的としている。まず第一節で、F氏の事例についての経過を確認し、その問題点を整理する。第二節では、視覚障害をもつ人々の参政権の歴史を、点字毎日の記事により押さえておきたい。その歴史的視野に立ち、第三節では、F氏の事例で顕在化した問題点を含め、視覚障害をもつ人々の参政権に関しての課題に対する改善策を検討する。

1　「郵便等による不在者投票証明書の返還」に関する交渉の経緯

本節では、F氏の郵便等による不在者投票をめぐる問題点に関して、弁護士相談や先行的に改善策を実施している行政の施策の情報収集をふまえたうえで、担当行政との交渉により一定の改善策が得られた経緯を確認しておきたい。そこから、視覚障害をもった人々の参政権に関する現状の問題点を検討する。

⦿交渉の経緯

F氏は、京都市東山区選挙管理委員会委員長に対し、郵便等による不在者投票を求める文書を提出（二〇〇九年二月三日）し、二月二八日までの回答を求めた。その一方、二月五日に、藤本はF氏夫妻とともに、京都在住のT弁護士に相談に出向いた。T弁護士は「あなた方の主張は正しいが、不在者投票証明書の返還が不当だとは裁判所も認めないし、世論の支持も得られない」と、判例をあげて説明をした。さらに、選挙権行使のための公のガイドヘルパーを無料で派遣させる方法があるが、そのことを選挙管理委員会が提示しないのはおかしいとの指摘がなされた。

Ｔ弁護士の指摘を受け、この問題は根本的には障害をもつ人の参政権の問題ではあるが、当面の解決策として福祉的解決を図った。選挙権行使のため公のガイドヘルパー派遣の対応をしているのは、千葉県印西市や大阪府門真市（非課税世帯のみが対象）であった。その先行自治体の情報を収集したうえで、藤本は二〇〇九年二月二三日、保健福祉局保健福祉部障害保健福祉課在宅福祉担当課長と担当係長との話し合いを行った。課長の話は、①Ｆ氏の郵便投票問題については知らなかった、調べて回答する、②三二時間の無料ガイドヘルパーのほかに、通院などについても無料のガイドヘルパーを派遣している。投票は合理的配慮*で運用できるので、福祉事務所で事前に手続きをすれば、投票当日に無料でガイドヘルパーを派遣できる、とのことであった。

＊　「障害のある人の権利条約」に基づく、権利性のある概念で、実質的平等を確保するための正当な便宜提供をいう。

二月二七日、課長からＦ氏宛に、「選挙投票時の外出に際してのガイドヘルパーの取り扱いの件」についての文書がＦＡＸで送信されてきた。内容は、①まずは、ガイドヘルパー派遣一か月あたりの利用時間上限の三二時間の範囲での利用を行う、②投票時の外出時間が不足する場合には、事前に福祉事務所に相談すれば、投票に必要な時間が上積みされる、というものであった。

二月二六日には、東山区選挙管理委員会委員長から、郵便等による不在者投票制度利用不可の回答がなされている。①Ｆ氏は、郵便等による不在者投票における代理記載制度の対象者には該当しない、②当委員会として、Ｆ氏に誤って「郵便等投票証明書」を交付したことを心から詫びる（瑕疵《かし》責任）、③今回のＦ氏の要望を、京都市選挙管理委員会へ伝える、④指定都市選挙管理委員会連合会では、国に障害をもつ人等の選挙権行使のための適用範囲拡大を訴えている、⑤選挙投票にガイドヘルパーを利用する場合、一か月の利用限度を超えていても申請手続きをすれば無料で利用できる、という内容であった。

⊙運動の意義

（1）　F氏としては、いったん許可した在宅郵便投票を認めてほしいというのが一番の願いであり、投票権保障の観点からすれば認められるべきだと訴えている。ガイドヘルパーの費用が無料であればいいという福祉的対応上の問題としてではなく、基本的人権としての障害をもつ人の投票権保障の問題として捉えるべきである。高齢中途失明者の著しい歩行困難者にも、在宅郵便投票が認められるように、公職選挙法の改正が問われている（第三番目の要件である要介護度五の規定についても、国会に陳情して変更させられたものである）。

（2）　F氏が声をあげたことで、選挙権行使のための無料のガイドヘルパー派遣が認められたことは、福祉的対応という限界性はあるものの半歩前進といえる。本質的には未解決ではあるが、選挙権行使のための現実的保障としての解決につながったからである。

（3）　しかし、半歩前進の解決策も、全国的にみれば例外に過ぎないというのが現状である。東京では、一般の人でも不在者投票には交通費等のお金がかかるといわれたという。障害をもつ人の立場から問題を提起し、福祉的解決に至った京都市の取り組みは評価できるだろう。このことが新聞報道された（点字毎日、京都新聞、赤旗、京都民報）後には、全国からの問い合わせや当事者の生の声が寄せられた。筆者の知る限りでは、視覚障害をもつ人の選挙権行使における無料のガイドヘルパーを派遣しているのは、印西市、門真市、京都市であり、それ以上の手だては何ら打たれていない。

◉視覚障害をもつ人の参政権に関する現状の問題点

（1）　選挙公報の問題　　最近では、選挙のお知らせとして「点字広報」と「音声広報」があり、申請すれば届けてくれる。これらは都道府県選挙管理委員会がライトハウス等に委託して作成しているが、選挙管理委員会には点字がわかる専任職員はいない。選挙公報の情報が完全に訳されているとは考えにくく、また間違い等のチェック機能もないのが実情だろう。

全国三〇万人以上の視覚障害をもつ人々のなかで、点字の読み書きができる人が約一割（二〇〇一年厚生労働省調査「身体障害児・者実態調査結果」）という実態からも、申請しなければ手に入らないという申請主義には問題がある。どのような方法で配布され、どの程度行き渡っているのだろうか。個人情報保護法も関係して、配布は申請者のみに限定されてしまっているのではないだろうか。

また選挙権を行使するためには、市民新聞等の音声版の普及も考えるべきである。東京都内のある区では、点字毎日の購読料の八割を行政が負担（二割は自己負担）している。

（2）　一般投票における問題　　一般投票では、点字投票が認められている。しかし、投票用紙についての説明は口頭のみで、点字による説明書きはない。何の選挙の投票用紙なのか、また表裏や上下の記載がないため、間違えた場合には投票の意味がなくなってしまう。

一般の投票では丸印ですむ場合でも、点字の場合は政党名や候補者名をフルネームで書かなければならない。最高裁の不信任投票でも、不信任者のフルネームを書くことになっている。

弱視の人には、証明が暗かったり、文字が小さかったりして見えづらい。また、投票会場では階段をスロープにはしたが、点字ブロックは設置されていない。

投票までの問題としては、法定ビラが点字化されていないことや、プライバシーの面も含んで、ホームヘルパー同行では支持政党の立会演説会に参加しづらいことなどがある。

（3）在宅郵便投票に関する問題　在宅郵便投票をするには、まず申請をして許可されなければならない。点字の申請は認められていないため、代行人を選定しなければならない。独居の人の場合は、投票者が指定する人であれば、家族以外に、知人、町内会長、民生委員、近隣の福祉委員など誰でも認められる。代行人は投票内容等を口外しないことなどを誓約するが、代行人の幅が広く、不正につながらないか問題である。

（4）開票に関する問題　点字投票者が少数の場合、投票の秘密が守れないことがある。

2　視覚障害をもつ人の参政権の歴史

今日の視覚障害をもつ人々の参政権に関する課題の改善策を検討するにあたり、先人たちの先駆的な運動の成果として、障害をもつ人々の参政権が獲得されてきた歴史を点字毎日の記事を基にした年表でふまえておきたい。

一八八九年　大日本帝国憲法制定／第一回衆議院議員総選挙実施
一八九七年　中村太八郎、木下尚江ら、普通選挙同盟会を組織
一九一一年　普通選挙法案が初めて衆議院を通過するが、貴族院が拒否
一九二二年　「点字大阪毎日」（点字毎日の前身）創刊
★六月の点字毎日には、岐阜県大垣市で行われた市議選において「点字投票三票が有効と認められた。選挙前は、市当局は点字を文字として認めていないとしていたが、『大阪毎日が点字新聞さえ出す時世ではないか』と糾弾した結果」と

いう記事を掲載している。

一九二三年　愛知県で視覚障害者有志らが「愛知県盲人点字投票有効期成連盟」を結成

★九月の岐阜県議選では「点字投票、無効と有効」という見出しで、次のような記事を載せた。「二五日、行われた県議選で、岐阜市で四票の点字投票があったが、①文字なるや②自署なるや③型にはめて書かれたものにあらずや――の三点が疑問として残り、無効となった。一方、飛騨高山町では、点字によるものが二票あったが、有効と認められる。」当時の国の見解は「選挙法には、点字を文字としては認めていないため、点字投票を有効とする解釈をくだすには至らない」（内務省）。それでも、一部地域の視覚障害の人たちは、すでに地元自治体へ点字投票を認めるよう強く働きかけていたことがうかがえる。

★視覚障害者たちは連盟結成後、名古屋で尾崎行雄ら多数の代議士を迎え二万人規模で開かれた「東海普選民衆大会」に参加。「点字投票を生かせ」とのプラカードを持ち、赤だすきをかけ、その必要性を大々的に訴え、「婦人参政権の獲得」と並んで「盲人の点字投票を認めるように」との大会決議文を採択させた。連盟は翌年一月、名古屋で約二千人の参加者を集めて全国盲人大会を開き、「点字投票有効請願書を貴族院・衆議院の両院に提出し、全国に大運動を行う」と決議。「点字投票を生かせ」と記したビラを市内にばらまき、市民向け「時局問題請願演説会」を開くなど、活動を展開した。その後、点字投票を求める団体を各地で立ち上げ、三療（あんま、鍼、マッサージ）団体や教育関係者らも点字投票への理解を広く社会に訴えた。特に同年五月の第一五回衆議院総選挙で、ローマ字による投票が認められたことから、点字投票を求める運動はいっそう熱を帯びる。

一九二四年　視覚障害者有志で組織した「愛知県盲人点字投票有効期成連盟」は嘆願書を内務大臣に提出

★第一五回衆議院総選挙で、政友会、憲政会、革新倶楽部のいわゆる護憲三派が圧勝。憲政会の加藤高明が首相に任命されると、衆議院議員選挙法の改正に着手した。

一九二五年　「衆議院議員選挙法（普通選挙法）」改正・公布

★同法第二八条に「投票に関する記載に付いては勅令を以（もっ）て定むる点字は之（これ）を文字と看做す（みなす）」の条文が明記された。「点字」は「文字」であることが初めて法律に明記された。同法改正案の成立と引き換えに治安維持法が制定される。

一九二五年　大阪で近畿盲人団体、盲人文化教育設立委員共催、点字毎日後援による「普通選挙実施と点字纏認記念全国盲人大会」開催（全国から約一五〇人が参加）

★改正法が公布されても、点字投票はあくまで衆議院選挙のみに適用される。地方議員選挙について内務省は「現行の府県制・市町村制には、点字を文字とみなすという特別の条項がないので、これを有効とは認め難し」と、従来の姿勢を崩さなかった。

一九二六年　国会で、衆議院議員選挙法の改正を受けた府県制、市町村制の改正案が政府提案として審議され、選挙権および被選挙権の拡張など改正

★九月三日に行われた静岡県の浜松市議会選挙が、選挙法の改正後、法的に認められた点字投票が日本で最初に行われる選挙となり、注目された。点字毎日によると「盲人有権者五一人中、点字投票した者は三〇人。すべて有効となった」と報じている。

★全国の視覚障害者団体は点字の普及に努めるとともに、模擬点字投票を行うなどの取り組みを展開。また、点字毎日を発行している毎日新聞社も模擬点字投票や講演会を開き、毎日新聞慈善団は四万枚の点字一覧表を作成して、全国の府県知事を通じ市町村に寄贈。

一九二八年　点字投票が可能となった最初の衆議院総選挙（第一回普通選挙）実施

★六月の点字毎日には、二月の衆議院総選挙で和歌山県を除く四六道府県の点字投票数を紹介。それによると、合計で五四二八票の点字投票が行われたという。この選挙での無効票は一七八票（三・三％）にとどまり、点字の普及や模擬点字投票の取り組みが功を奏した。同選挙での投票総数約九九六万票からみると、点字投票数は決して多くはないようにみえるが、翌年に行われた千葉県六合村（現・印旗村）の村議会選挙では、点字投票一票が候補者の当落を分けた事例があり、点字による一票の重さが如実に表れた。

点字毎日の記者は、点字投票の歴史を振り返り、点字投票は選挙制度の改革によって公的な「市民権」を得て戦後の公職選挙法に受け継がれているが、投票の秘密保持や、政権情報を得るための「点字広報」の発行も法的保障がない点など、今日においてもなお、人権保障としての参政権という意味で、多くの課題が山積していることを指摘している（点字毎日二〇〇八年一二月二八日、〇九年一月一〇日・一七日「ブライユ特集　点字と選挙　点字は文字とみなす」）。

先人の取り組みが継承されている史実として、一九八九年七月、視覚障害をもつ堀利和さんが国会議員となり、議員活動を通じて、それまで視覚障害をもつ人が議員となることが想定されていない国会の環境や、国会議員としての活動保障のための改善に、身をもって取り組まれたことを付記しておきたい。

3　具体的な改善点

問題の多い公職選挙法のもとでも、都道府県や市区町村の選挙管理委員会の創造的な工夫で、視覚障害をもつ人々のために、具体的に改善できる点がある。当事者の知恵を出し合って、次の選挙からも改善できることを考えてみたい。

◉選挙情報について

① 点字の選挙公報を、すべての都道府県選挙管理委員会の責任で発行する。具体的には、点字がわかる専任職員を二名配置する。
② 音声の選挙公報を、すべての都道府県選挙管理委員会の責任で発行する。
③ 選挙公報の点字化や音声化ができるように、選挙期間を延長する。
④ 点字広報や音声の広報は、視覚障害の手帳保持者全員に配布する。
⑤ 弱視の人には、拡大選挙公報を配布する。
⑥ 選挙に関する教養を高めるために、点字毎日を地方自治体が買い取り、希望する人には、購読料の二割程度の自己負担で購読できるようにする。

◉投票について

① 東京などで実施されている投票入場券の点字シールを、全国的に実施する。
② 投票場に点字板を設置する。
③ 投票場に、点字で候補者名を表示する。
④ 弱視の人のために、投票場の記載台の照明を明るくする。
⑤ 都道府県の条例を改正し、希望者に対して、期日前投票期間中の「巡回投票制度」の実施を試行する（障害をもつ人すべてが対象）。
⑥ 各政党は、視覚障害をもつ人にもわかるシンボルカラー、シンボルマークやロゴマークを作成し、広く国民に提示する。

◉郵便投票について

点字による郵便投票を認める。

・同居家族がいない場合は、選挙管理委員会の職員が訪問して、代理記載人になれるようにする。
・高齢中途失明者など移動障害がある人には、公職選挙法施行令第五九条の二第一項の移動機能障害者に該当すると、運用上の解釈を行う。

コラム1

視覚障害をもつ議員としての取り組み

新潟市議会議員　青木　学

私は一九九五年に「バリアフリー社会の実現」を掲げ、新潟市議会議員選挙に立候補し、初当選を果たして以来、今日まで現職を続けている。立候補を表明した当初、「目の見えない者が議会に来て、いったい何ができるんだ」ということを囁いていた議員もいたということを後で耳にした。実際、私が議会の廊下を歩いていると「一人で歩けるんですね！たいしたもんだ！」という声をよくかけられた。

こうして、いわば視覚障害者に対し、正しい認識をほとんどもっていない人々のなかで、私の活動は始まった。最初に取りかかったことは、行政資料や管理職の名簿の点訳、役所内の各室に点字表記の設置など、視覚障害者議員の活動しやすい環境づくりに向けた要望書の提出だった。

現状では、議案、予算書の基本的な部分の点訳など、おおむね要望に沿った対応がなされている。

視覚障害者議員にとって最も大きな課題は、やはり膨大な資料をどのように読み込んでいくかということである。点訳、朗読ボランティアの方の大きな支援を受けながら取り組んできたが、このハンディを克服できたかといえば、必ずしもまだそのような状況にはなっていない。

ただそのなかで、電子データとして用意してもらった資料は、パソコンで瞬時に読めるようになり、ＩＴの進展とともに、情報収集の環境は飛躍的に改善されてきている。

本書では、投票に関する問題について様々な観点から詳述されているが、一九九五年当初、議長、副議長選挙といった議会内での選挙においては、点字投票が認められていなかった。これは、地方議会で行われる選挙は地方自治法によって公職選挙法の規定を準用すると定められているが、その対象となる規定に「第四七条（点字投票に関する規定）」が含まれていないためであった。

そこで九九年に発足した「視覚障害者議員ネット」で、この問題を担当省に提起をし、二〇〇二年に自治法が改正され、点字投票が実施されるようになった。

現在、障がい者議員を中心とした政治参加を勧めるためのネットワークは二団体ある。一つは九六年に発足した「障がい者の政治参加を勧めるネットワーク」、もう一つは先ほど述べた「視覚障害者議員ネット」であり、私は現在、後者の代表を務めている。これら二つのネットワークでは、障がい者の社会参加と政治参加を保障するため、個々具体的な課題を協議し、改善に向け活動を進めている。

今後とも志を同じくする方々とともに、粘り強く努力していく決意である。

2 聴覚障害をもつ人と参政権

石野富志三郎（全日本ろうあ連盟）
林　智樹（金城学院大学）

1 聴覚障害をもつ人が直面するバリアの実態

◉聴覚障害をもつ人の実態

厚生労働省の二〇〇六年の実態調査では、聴覚・言語障害をもつ人の総数は三四万三〇〇〇人とされ、身体障害をもつ人総数に占める聴覚・言語障害をもつ人の割合は約九・八％となっている。同調査によると、障害の原因としては、約六割が原因不明または不詳とされ、一八歳以上の人々でみると疾病一四・九％、加齢八・五％、事故五・〇％となっている。障害の発生年齢でみると四〇歳から六四歳までが二八・〇％、六五歳以上一八・一％となっており、約半数が四〇歳以降に聴力を失っている。他方、乳幼児期・学齢期に聴力を失う人々は二七・七％となっている。また聴覚障害をもつ人の年齢分布をみると六〇歳以上が七七・二％を占めている。

身体障害者福祉法では、身体障害者手帳や補聴器が交付される六級の聴覚障害の障害基準は、両耳七〇デシベル以上または一側耳九〇デシベル以上で他側耳五〇デシベル以上と、高い基準が設定されている。他方で世界保健機関（ＷＨＯ）は、聴覚に障害をもつ者で福祉サービス提供が必要とされる障害について平均聴力レベル四一デシベルという基準を設定している。社団法人全日本難聴者・中途失聴者団体連合会はＷＨＯの基準に引き下げ、福祉サービスを受けられる人々を拡大するよう国に対して要望を出しているが、ＷＨＯの基準を適用すれば一千万人の難聴者が存在すると推計している。

◉聴覚障害の種類と聴覚障害をもつ人が抱える障害

聴覚障害をもつ人は、ろう者（またはろうあ者）、難聴者、中途失聴者と一般に区別されて呼ばれている。これらの区分は、聴覚障害の程度、聴力を失った時期、教育歴の違い（ろう学校で教育を受けた、あるいは一般の学校で教育を受けた）および聴覚障害をもつ人自身のアイデンティティ（どの集団に属するか）による。ろう者は、乳幼児期・学齢期までに重い聴覚障害を負い、学齢期をろう学校（現在は聴覚障害をもつ児童が多数通う特別支援校）で過ごし、日常のコミュニケーション手段の違い（手話、口話、筆談、補聴器、人工内耳など）および聴覚障害をもつ人自身のアイデンティティ（どの集団に属するか）による。ろう者は、乳幼児期・学齢期までに重い聴覚器官の機能障害を負い、学齢期をろう学校（現在は聴覚障害をもつ児童が多数通う特別支援校）で過ごし、日常のコミュニケーション手段として手話を使用する人々である。難聴者・中途失聴者は、聴覚障害の程度は軽度難聴から最重度まで様々であるが、日常のコミュニケーション手段として音声語（補聴器を使用した口話や筆談を含む）を使用する人々である。

聴覚障害は聴覚器官や聴覚中枢の障害によって発生し、聞こえない、聞こえにくいという障害をもたらす。そして聞こえない、聞こえにくいという障害は、音声や日常生活に発生する様々な音が理解できないという障害である。ろう者の場合、言語障害を伴う人々も多く、発声ができない。これらはコミュニケーション障害および情報障害といわれる。

特に乳幼児期に聴覚障害が発生した場合は、ろう児・難聴児とも早期の適切な対応がなされないと、言葉の獲得が不十分となり、知的な発達や心身の発達の障害につながる。また、コミュニケーション障害や情報障害は、単に他者と会話ができない、必要な情報が入ってこないというだけではなく、そのことからもたらされる社会からの疎外や孤立により、人として生きる意欲や力が奪われる。時には、精神疾患や自殺に至るケースもある。

社会的なバリアとしては、聴覚障害についての正しい認識が得られていないことによる心理的なバリアおよび物理的なバリアの存在、コミュニケーション保障や情報保障のための政策や制度が不十分な状況である社会的バリアの存在があげられる。

聴覚障害をもつ人への社会的な支援や合理的配慮として、コミュニケーション保障や情報保障とあわせて、心理的な支援や同障者集団の形成が必要とされている。

◉参政権に関わるコミュニケーションバリアと情報バリア

参政権には選挙権と被選挙権があるが、初めに聴覚障害をもつ人の選挙権の現状について述べる。聴覚障害をもつ人にはコミュニケーションと情報にバリアがあることから、①選挙制度に関する情報が入手しにくいこと、②候補者や政党の政策に関する情報が入手しにくいこと、③ファックスやメールなどの文書での選挙活動が禁止されることで選挙活動が制限されること、という問題がある。④また、①から③の問題を解決していく手段としての手話通訳や字幕、要約筆記などの情報保障について公職選挙法や関連する規定（「政見放送及び経歴放送実施規定」など）で禁止または制限されているという問題点があげられる。
①については、選挙制度が変わったり投票方法が変わったとき、聴覚に障害のない人ならば電話で役所に問い合わせ説明を聞くこともできるが、ろう者や難聴者は役所に手話通訳者や要約筆記者を伴って聞きに行くことになる。また、聴覚に障害のない人は投票所でわからないことを尋ねることができるが、手話通訳や筆談等に配慮がない投票所では、ろう者や難聴者・中途失聴者は十分なコミュニケーションがとれ

ない状況にある。

②については、次節で改めて述べるが、今日では国政選挙において政見放送や街頭演説会等で手話通訳がつくものもあるが、これは政党や候補者の任意である。字幕や要約筆記がつくことも少ないなかで、候補者や政党の考えや意見を知るのが困難な状況にある。聴覚障害をもつ人のなかには、学校教育が不十分だったために読み書きが困難であったり苦手な人々もいる。これらの人々は選挙公報が読めない、理解できない状況におかれている。

③については公職選挙法第一四二条により立候補者や政党が頒布できる印刷物が制限されている。言語障害をあわせてもつ聴覚障害のある人が自分の思いや考えを訴えるとき、手話が通じない人々に対しては文書で伝えることが効果的である。また、難聴者や中途失聴者が他の聴覚障害をもつ人に訴えるときも同様である。玉野裁判で玉野ふい氏は「言葉の不自由な私には、ビラを見てもらう以外に相手に伝える方法がありません」と訴えたが、今日においてもこの訴えは届かず、選挙活動の自由が制限されている。

このような問題点を解決する方向として、全日本ろうあ連盟と全日本難聴者・中途失聴者団体連合会はそれぞれ総務大臣宛に国政選挙に関して、以下のような要望を出している。

全日本ろうあ連盟の要望（二〇〇九年一二月総務大臣宛）の要旨

一．衆議院・参議院・都道府県知事選挙のすべての政見放送に手話通訳および字幕を義務づけること。

二．選挙活動に従事する者のうち、「手話通訳のために使用する者」には「報酬を支払うことができる」とあるが、手話通訳者の社会的信用と公正・中立のために手話通訳者を「選挙運動に従事する者」に含めないように法改正すること。

全日本難聴者・中途失聴者団体連合会の要望（二〇〇八年二月総務大臣宛）の要旨

一．すべての政見放送に「字幕」および「手話通訳」の付与を義務づけること。

二．街頭演説、個人演説会等にも「要約筆記」および「手話通訳」等の情報保障手段の配置が可能とすること。

三．選挙活動にファックス、メール等を利用可能とすること。

四．インターネット上で配信される動画等に文字（字幕）表示および手話表示をあわせて付加することを義務づけること。

五．障害者の参政権行使に関する「研究会」を設けること

被選挙権については、①選挙にかかる諸手続き、②政見放送や個人演説会など選挙活動、③首長あるいは議員としての活動や議会におけるコミュニケーション保障、が課題となる。国政や地方政治の場において、聴覚障害をもつ人が被選挙権を行使するためには、公費によるコミュニケーション保障がなされなければならない。次節で紹介するが、一九八六年六月の参議院選挙にろう者が立候補したところ、通訳を通じての政見放送が認められなかったために、テレビ・ラジオとも「無言の政見放送」となり大きな社会問題となった。

2　参政権に関する権利獲得の歴史

⦿政見放送での情報保障の歴史と現状

聴覚障害をもつ人の参政権保障としての手話通訳は、一九六一年に福島県議会でろう者の傍聴のために

つけられた手話通訳に始まる。一九六七年には、東京のろう青年が選挙管理委員会に交渉し、手話通訳つき立会演説会（東京都中野区）が開かれた。その後一九七一年には公費で手話通訳をつけることが通知され、全国各地で立会演説会に手話通訳がつけられていった。

一九八三年に公職選挙法の改正で立会演説会が廃止され、国民は政見放送によって候補者の政見を聞くことになったが、政見放送には手話通訳はつかず、聴覚障害をもつ人の聞く権利、知る権利は奪われてしまった。

一九八六年の参議院東京選挙区にろう者が立候補したが、手話通訳をつけることや政見原稿の代読が認められなかったために「無言の政見放送」として、国民、マスコミの注目するところとなり、大きな問題となった。そこで同年には自治省（現、総務省）内に「政見放送研究会」が設置され、翌年から聴覚障害をもつ人が立候補した場合、政見原稿の代読が認められた。しかし、手話通訳については「技術上の課題」、「手話通訳者の偏在」という理由で、その後も手話通訳はつけられない状況が続いた。これに対して、全日本ろうあ連盟、全国手話通訳問題研究会、日本手話通訳士協会の三団体は、繰り返し国に対して政見放送への手話通訳の導入を働きかけた。

一九九四年に「政見放送研究会」は、参議院比例代表選挙に手話通訳を導入するという最終報告を出し、翌九五年の参議院選挙から政見放送に手話通訳がつくようになった。ここでは、手話通訳を担当する者は手話通訳士資格を有する者で必要とされる研修を受けた者、という条件が示された。また、衆議院小選挙区については政党の持ち込みビデオを放送するということで、政党の任意で手話通訳の導入が可能とされた。衆議院比例区については、二〇〇九年八月から手話通訳の導入が実現した。二〇一一年四月から新たに都道府県知事政見放送に手話通訳の導入が施行されることになった。これは障がい者制度改革推進会議による「障害者制度改革の推進のための基本的な方向」の第一次意見に基づき総務省内に設けられた「障がい者に関わる投票環境向上に関する検討会」にて審議、決定されたもの。現在、まだ手話通訳導入されていないのは参議院選挙区のみとなった。

一九六一年　福島県議会・議場に初めて手話通訳者がつく
一九六七年　手話通訳つき立会演説会開催（東京都中野区）
一九七一年　立会演説会の手話通訳の公費負担通知（自治省＝現、総務省）
一九八三年　公職選挙法改正で立会演説会の廃止
一九八六年　聴覚障害をもつ人の政見放送に手話通訳がつかず「無言の政見放送」が発生。自治省に「政見放送研究会」発足。翌年から発声ができない候補者については放送者側の代読が認められる。
一九九二年　手話通訳つき政見ビデオ上映会の費用について国が助成すると通達（夏の参院選挙から）
一九九四年　「政見放送研究会」の最終報告で、参議院比例代表選挙に手話通訳が導入されることになる（衆議院小選挙区については政党持ち込みビデオのため手話通訳の有無は政党の判断となる）
二〇〇八年　衆議院比例代表選挙の政見放送に手話通訳が導入される。
二〇一一年　都道府県知事選挙の政見放送に手話通訳が導入される。

出所：『政見放送における手話通訳―聴覚障害をもつ人の参政権』日本手話通訳士協会、二〇〇五年より。一部加筆。

⊙政見放送に手話通訳を導入するにあたっての課題

一九九四年の「政見放送研究会」の報告書には、政見放送への手話通訳の導入について、以下のような問題点が指摘された。

① 手話通訳者の通訳の技術力により候補者、政党間に不公平が生じる。政党等の判断で手話通訳をつける場合は、その選択は政党が責任を負う。

② 誤訳があった場合、その責任は通訳者を選んだ政党が負う。
③ 手話通訳を行う者を手話通訳士に限定すれば、一定レベルの均質な手話通訳が期待できる。
④ 手話通訳を制度化する場合、相当数の手話通訳士の確保が必要。
⑤ 手話は一般に要約、意訳を伴うが、手話通訳士を政党が選択するのであれば公職選挙法第一五〇条一項に抵触しない。
⑥ 手話の語彙数はまだ十分でない。手話通訳を行う者の研修を行うとともに、政見放送によく使われる用語の手話化および標準化を関係機関に依頼していく。

以上をみると、一九九四年当時の「政見放送研究会」の手話通訳に対する評価は限定的なものだといえる。この考え方は今日においても残っており、すべての政見放送に手話通訳が導入されるに至っていない。手話通訳士の数は今日二七四三人を数え（二〇一〇年度）、地域偏在も解消してきている。日本手話研究所では政見放送で使われる手話の開発、標準化を進めている。聴覚障害をもつ人の参政権を保障するためには、国の責任で手話通訳士の養成や政見放送の手話通訳のための研修、政見放送で使われる手話の開発・標準化が進められなければならない。

3　課　題―情報保障とコミュニケーション保障の実現に向けて

◉政見放送の手話通訳を担当する者の資格

「政見放送研究会」の報告書では、「手話通訳士が政見放送の手話通訳を担当する」とある。これを受けて日本手話通訳士協会は、「政見放送にかかる手話通訳士の倫理要綱」を定め、聴覚障害をもつ人の参政権保障の前進と、自らの社会的役割の自覚と専門的技能を発揮することを、社会に向かって宣言した。

現在、政見放送の手話通訳を担う者は、総務省との確認のなかで、①手話通訳士であること、②必要な研修を受講した者で登録されている者、となっている。ただし、政見放送に手話通訳をつけることが「政党の任意」とされているため、公務員である手話通訳士が手話通訳を担当できない状況にある。また、第一節でみたように選挙活動の運動員として位置づけられる現状（公職選挙法第一九七条の2）を早期に改善し、中立・公正な手話通訳ができるよう、公費により手話通訳者がつけられなければならない。また、全日本難聴者・中途失聴者団体連合会が要望するように、手話通訳とともに、字幕や要約筆記の付与による情報保障が実現されなければならない。

⦿政治活動に関する情報保障

二〇〇一年四月に行われた長野県白馬村村議会議員選挙でろう者の桜井清枝氏（無所属）が当選し、四年間の議員活動を行った。世界では数人のろう者議員が活躍しているが、手話通訳を利用する議員としては日本初であった。桜井氏が当選したことで、「白馬村聴覚障害をもつ人の議会活動等における支援事業実施要項」が定められ、本会議や桜井議員の所属する委員会について、公費による要約筆記者および手話通訳者がつけられた。加えて、村長の議会冒頭挨拶原稿や一般質問の原稿など、事前に桜井氏に渡るような配慮がなされた。また、桜井氏を支援した団体は、桜井氏が議員活動で必要とされる情報を提供した。

このようなコミュニケーション保障や情報保障がスムーズになされることで、聴覚障害をもつ人は政治活動に参加できるということが示された。しかし、実際には小さな村であるため手話通訳者や要約筆記者の確保、そのための財源確保には困難があった。当時の村長は次のようにコメントしている。「村レベルでの派遣システムでは限界がある。より広範囲な地域から手話通訳士の方々を確保できるようにするためにも、県や国レベルでシステムを作っていただけるよう要望していきたい。」

第一節でみたように、選挙活動における情報発信において、告示・公示後のファックスやメールの使用が禁じられていることにより、聴覚障害をもつ人は選挙活動の自由を大きく制限されている。この点については、二つの聴覚障害者団体がともに要望しているが、公職選挙法第一四二条による制限は見直されなければならない。

4　具体的な改善点

二〇〇九年の政権交代により、新政権が当事者参加を基本に法律や抜本的な見直しを行う障害者施策が公約された。そして「障がい者制度改革推進本部」が立ち上げられ、二〇一〇年一月から「障がい者制度改革推進会議」が始まった。ここで全日本ろうあ連盟は次のように提言を行った。

選挙に関する情報はほとんどが日本語の音声または文章で提供されているために、手話を母語とし、かつ、日本語の読み書きが不得手なろう者にはわかりにくいものとなっている。一方、日本語を理解する難聴者・中途失聴者は文書による情報は理解できるが、音声による情報は理解できない。国および自治体が提供する選挙公報等の情報については、手話による情報提供が必要であり、テレビでの選挙公報（政見放送）には必ず手話および字幕をつけることを義務づける必要がある。

また、選挙管理委員会の責任で、選挙公報の内容を手話で説明する者を用意すること、選挙公報を手話化したビデオを制作し貸し出しを行うこと、日本語の読み書きが不得手な障害をもつ人のために選挙公報にルビをつけること、よりわかりやすく説明するものを用意することが必要である。

衆議院議員・参議院議員・都道府県知事選挙のすべての政見放送に、政党や候補者の任意ではなく、国および自治体の責任で手話通訳、字幕をつけることを義務づけるべきである。

選挙に立候補したろう者が利用する政見放送では、手話により政見を語る場合は、読み取り通訳をつける必要がある（一九八六年「無言の政見放送事件」）。

また、音声器官に障害をもつ候補者・議員のために、代読など他の代替方法を自分で選択できるようにする必要がある（二〇〇三年「中津川代読事件」、フィールドⅢの2を参照）。

テレビ放送やインターネット放送等による国会中継などの情報には手話通訳・字幕がついていないため、聴覚障害をもつ人は疎外されている。手話通訳・字幕をつけることを義務づける必要がある。

また、都道府県議会や市町村議会で傍聴するときに手話通訳をつけられる制度を導入している地域が増えているが、国会、都道府県議会、市町村議会のすべてにおいて、手話通訳または要約筆記を聴覚障害をもつ人の依頼に応じて配置する制度が必要である。

投票所の受付担当者は、事前に、障害のある人への対応について研修を受けるべきである。また、手話通訳者や手話のできる職員を配置するか、筆談での対応に応じられるようにする配慮が必要である。

参政権には、候補者に投票して国政に参加する「選挙権」と自ら立候補する権利である「被選挙権」があり、当然、障害のある人が候補者として選挙活動する場合も保障すべきである。ろう者を含む聴覚障害をもつ人が立候補する場合、手話通訳、要約筆記の保障が必要である。また候補者がどの言語、どのコミュニケーション方法を選択するかも保障すべきである。

個人演説会などの場面においても手話通訳、要約筆記が必要となるが、現状では公的な制度がなく候補者の負担となっている。また、政党の演説会等の活動に参加する場合でも、現行制度では、手話通訳者の派遣範囲から政治活動が除外されているため公的保障がない。

現行の公職選挙法では、手話通訳者は政党や候補者の選挙運動員という位置づけをしているが、手話通訳者は候補者を応援するために通訳しているのではなく、候補者の話す内容を手話にして表しているのであって、手話通訳者は公正かつ中立の立場でなければならない（このことは「政見放送にかかる手話通訳士の倫理要綱」〔日本手話通訳士協会、一九九五年〕に示されている）。手話通訳者は運動員であるとの解釈は問題があり、早急な改正が必要である。今後、選挙管理委員会の責任と費用で手話通訳者を派遣するという形が必要である。また、手話通訳士資格を有していても、公務員である場合は手話通訳を担当できないという問題がある。

選挙期間中、聞こえる人は電話による候補者への支援依頼ができる。しかし、電話のできない聴覚障害をもつ人が、電話に代わる方法としてファックスやパソコンメール等を使うことは「図画」扱いとなり認められていない。聴覚障害をもつ人が国民の一員として、聞こえる人と同様に、選挙に参加する権利を保障される必要がある。

以上を整理すると、①選挙に関する情報の提供や投票所等においてコミュニケーション上の配慮を行う、②政党の任意ではなく国の責任で政見放送に手話通訳・字幕をつける、③国会中継等に手話通訳・字幕をつける、④聴覚障害をもつ人の候補者活動・議員活動でのコミュニケーション保障と情報保障、⑤公費による手話通訳士の確保と派遣を行う、⑥ファックスやメール等による選挙活動参加を可能とする、になる。これらが聴覚障害をもつ人の参政権保障のための当面の課題となっている。

【参考文献】
全国手話通訳問題研究会『手話通訳問題研究』五一号・七七号、一九九三年・二〇〇一年
日本手話通訳士協会『手話通訳士協会ブックレット七　政見放送における手話通訳―聴覚障害者の参政権』二〇〇五年
日本障害者リハビリテーション協会『ノーマライゼーション』第二九巻第一号、二〇〇九年

コラム2

手話通訳つき政見放送に思う

「ろう者の生活と権利を守る会」　大江卓司

私は聴力障害者である。

選挙のたびに思う。手話通訳などの情報保障によって政治が面白くなったのだろうか。

以前、立会演説会があって、一つの会場ですべての候補者が演説を行い、集まった有権者が話を聞くというものだった。これは最初は手話通訳がなく、情報保障をと選挙管理委員会に働きかけて実現した。候補者の生の姿が間近に見られ、やじ馬的な会場の雰囲気が伝わり、演説も迫力があって面白かったことを覚えている。

しかし、現在情報保障が進み、テレビの政見放送などで手話通訳つきで見られるようになったが、内容が面白くない。また、行事や会合等で聴力障害者と選挙の話をすると決まって「手話通訳は見るけど、候補者の言っていることがわからない」と言われる。

選挙運動の制限、マスコミが流す情報の内容などによって、政治が身近なものになっていないことの表れだと思う。

一五年くらい前、テレビのアニメ番組「ドラえもん」に字幕がついて、子どもと一緒に楽しめる喜びが大きかったことをはっきり覚えている。しかし、テレビ政見放送に手話通訳がついた大きな喜びはなかった。

テレビ政見放送を見るのを楽しみに帰宅を急ぐような社会にしていくために、私たちはもっと頑張らなければならないと切実に思うこの頃である。

3　肢体障害をもつ人と参政権

武田康晴（京都華頂大学）

◉はじめに

本稿では、肢体障害をもつ人の参政権に関するバリアフリーについて考えていく。一般に、バリアフリーには物理的バリアフリー、心理的バリアフリー、制度的バリアフリー、情報のバリアフリーの四つがある（成瀬美治・加納光子編『現代社会福祉用語の基礎知識（第九版）』学文社、二〇〇九年）とされるが、肢体障害をもつ人の参政権という視点からは、投票行動を制限する可能性のある投票所までのアクセスや投票所内にある器具、肢体障害をもつ人の移動等といった物理的バリアフリー、障害特性への理解といった心理的バリアフリー、肢体障害をもつ人の投票行動を合理的に、すなわち障害のみが理由で投票行動が制限を受けないように保障する法制度といった制度的バリアフリー、選挙や投票行動に関する十分な情報といった情報のバリアフリー等が考えられる。

それらをふまえ、本稿では、肢体障害をもつ人の参政権に関するバリアフリーについて、まずは肢体障害をもつ当事者に対して行ったインタビューの内容を紹介し、その内容をふまえ、今後の課題と改善策の可能性に言及したい。なお、本稿の構成上は「肢体障害をもつ人の参政権を巡る歴史的展開」について整理すべきであるが、本書の先駆けにあたる井上英夫編『障害をもつ人々と参政権』（法律文化社、一九九三年）に詳しく、また本書フィールドⅢにおいても触れられているので、ここでは割愛する。

1　肢体障害をもつ人への「参政権」に関するインタビュー

参政権とは、国民が直接または間接的に政治に参加する権利であり、その代表的なものが選挙権および被選挙権である。本稿では、肢体障害をもつ当事者本人または支援者へのインタビューを紹介し、肢体障害をもつ人の参政権について現状を明らかにするとともに、参政権のバリアフリーに関する課題を整理したい。なお、インタビューについては電話または対面で実施し、原稿執筆後に資料提供者本人に内容を確認していただくとともに了解を得て掲載している。資料提供者のなかには実名での掲載を了承していただいた方もあったが、すべての方ではなかったため、筆者の判断で名前はアルファベットでの掲載としている。

⦿投票行動に関するインタビュー

まず投票行動に関するインタビューであるが、肢体障害をもつ五人の障害当事者に対して実施した。資料提供者の概要については表に示したとおりであるが、五人の共通点としては、全員が車イスを使用し、身体障害者手帳一種一級の肢体障害をもっている。以下に、インタビューで得た内容を整理する。

①A氏のケース

二〇歳になって以来、これまで実施されたほとんどすべての選挙に参加している。参加形態は、投票日に小学校会場での投票と期日前投票を活用しての役所での投票とが半々くらいとのことであった。学生時代は、大学の友人に車イスを押してもらい一緒に投票所へ出向くことが多かったが、大学卒業後は、重度

表　資料提供者の概要

	氏名	年齢	性別	障害状況	備　　考
①	A氏	28	男性	脳性マヒ, 四肢および体幹機能障害	単身，自筆可
②	B氏	20	男性	脳性マヒ，四肢マヒ	単身，自筆可，住民票は他県
③	C氏	42	女性	ALS系疾患，四肢マヒ	単身，自筆不可
④	D氏	33	男性	筋ジストロフィー，四肢マヒ	家族，自筆不可，人工呼吸器
⑤	E氏	53	男性	脳性マヒ, 四肢および体幹機能障害	家族，自筆可

訪問介護事業の枠でガイドヘルプを使い投票所へ出向くことが多い。投票所内では原則的にホームヘルパーによる支援は不可で，投票所に常駐する係の人が車イスを押して記入台，投票箱への移動を行っている。

投票会場の状況については，期日前投票を行う役所内はバリアフリーでアクセスに特に問題はなく，また投票日の投票についても，最近の小学校はバリアフリー（簡易スロープの設置を含む）も進んでおり特に問題を感じていないが，投票に訪れた地域住民の自転車が邪魔で会場に入りにくいことはあった。また，車イス利用者への配慮で，低い記入台が準備されていたが，それでも台が高く，A氏は上肢にも障害があるため適切な高さでないと自筆が困難であり，非常に記入しにくい状況であった。

投票行動全体に関する課題については，ガイドヘルプについて投票のためだからといって特別に利用時間を上乗せして依頼しにくい現状があり，結局は他の介助項目を調整（たとえば，入浴をシャワー浴にして時間を短縮）して投票行動にかかる時間を捻出する必要があることをあげていた。視覚障害をもつ人の投票行動にかかるガイドヘルプ利用の上乗せが認められた事例も紹介したが，現実的には，社会資源の不足によって，実際に受けてくれる事業所を探すのは困難ではないかとの見解を述べていた。また，「どこかに掲示（あるいは事前告知）されているのを私が見落としたのかもしれないが」と前置きしたうえで，主として情報のバリアフリーに関連し，代筆や郵便による投票の可否、介助者の同行（介助）できる範囲等に関する明確な情報提供が必要ではないかとのことであった。

②B氏のケース

B氏は今年二〇歳になったばかりで、選挙への参加は二〇〇九年八月の衆議院総選挙一回のみであった。B氏は大学生で、実家のH県を離れてひとり暮らしをしている。ただし、住民票は実家から移しておらず、夏期休暇で帰省中であったH県での投票となった。住民票を移動していない理由について尋ねると、二〇歳前後での住民票の移動は、二〇歳より支給が開始される障害基礎年金の諸手続きと重なるため「ややこしくて面倒」とのことであった。B氏は、現在のところ、障害基礎年金その他の障害者福祉にかかる諸手続きを母親に依存している。

投票については、期日前投票のため、役所に設けられた投票所で行った。会場までの介助は母親が行った。会場内の状況は、役所であるためバリアフリーであり、車イス用の記入台も用意されていたが、台が少し高く、上肢にも障害のあるB氏は書きにくさを感じた。投票所内の移動については、特に係りの人と交代することなく、すべて母親の介助で行ったとのことであった。

投票行動全体に関しては、車イス利用者の記入台、車イス利用者の投票箱、車イス利用者の出口といった具合いに、すべてに関して「配慮」があり、少し高さのある投票箱でも投票用紙を入れることはできるB氏にとっては「過度の配慮を区別と感じる場面」があったとのことであった。

③C氏のケース

C氏の障害状況を補足しておくと、ALS系疾患の進行により座位が非常に不安定で、コルセットは未使用であるが首の座りも非常に不安定であるため、慣れない人の介助では、座位、首の座りともに安定を保ちにくいという特徴がある。

これまでの選挙については「正直、行ったり行かなかったり」ということであった。行った場合の参加形態は、投票日の投票よりも期日前投票を活用する方が多い。その理由は、投票所に行くには介助者を依頼しなければならず、調整がつかず行けないことも多いこと、どこの事業所でもガイドヘルプの依頼が土日に集中するので日曜日の調整はむずかしいことから期日前投票の方が行きやすい等をあげていた。また、C氏固有の課題として、季節にもよるが、体調の問題で雨天時の外出は控えなければならず、予定していた日が雨天であるとその日の投票は諦めざるをえないが、そうかといって近日中にサービス利用の再調整はむずかしいため、結局は投票自体を諦めざるをえないという点があげられた。

投票については、投票所までの移動を重度訪問介護のガイドヘルプで行い、投票所内は常駐の係りの人が車イスを押し、自筆が困難なため、選挙管理委員会の担当者が代筆という形態で投票している。先にあげた障害状況により、慣れていない担当者の場合は、座位が不安定になる、首が後ろに反ってしまう等の不具合いも何度か経験したとのことであった。郵便投票も検討したが、手続きが煩雑（特に本人確認が面倒、自筆の扱い等）であるため今のところ断念している。

投票行動全体に対する意見を尋ねると、「立候補者名や政党名を筆記」という方法に工夫が必要とのことで、現在は備え付けの鉛筆の使用が原則となっており（C氏は、常用の〝グリップが太いペン〟であれば現在は何とか自筆が可能）、最高裁判所裁判官の信任審査のように印をつける方式なら自筆が可能という。また、投票に関して、C氏は生活介護事業所に通所しているが、通所している時間帯でスタッフに移動介助をお願いすることは、他の利用者のことを考えると「とてもできない」とのことであった。

④D氏のケース

D氏の障害状況については、筋ジストロフィーの症状がかなり進行しており、常時の人工呼吸器使用、座位保持にかなりの配慮が必要、市販の車イスではなく特別注文の車イスを使用、移動中でも不定期に体位の微妙な調整が必要という具合いに、同様に進行性の障害をもつ先のC氏と比較しても、介助にはさらに配慮と技術が必要な状況である。

これまでの選挙については、前置きとして「恥ずかしいのですが…」と述べたうえで、あまり参加していないのが現状とのことであった。その理由は、やはり移動がかなり大変で、どうしても億劫になってしまうとのことであった。さらに「大変」の内容を尋ねると、重度訪問介護のガイドヘルプで「慣れている人」を調整するのが困難であること、選挙だからといって従来の（週間利用計画の）予定を変更することはむずかしいことをあげていた。

実際に投票に参加した場合については、結局はガイドヘルプの調整がつかず、投票日の投票および期日前投票ともに父親の介助で参加している。ただし、父親も高齢であるため、毎回の参加には至っていない。投票所内においては、車イス介助は父親が行い、D氏が口頭で伝えたことを選挙管理委員会の担当者が代筆するというやり方で投票している。車イス介助も常駐の係りの人がやるという申し出もあるが、事情を説明し（素人目にも、素人による介助が明らかにむずかしいとわかる）、これまでは父親の介助によって移動している。これが、会場内は「重度肢体障害をもつ人の介助に慣れていない人による介助」となれば、身体的な危険回避のため投票自体を断念しなければならないかもしれないと述べていた。また、今後については、郵便投票も検討してみたいとのことであった。

投票行動全体に関する意見としては、とにかく介助者の確保が課題、投票所内でも慣れた介助者の介助を受けられること、または重度肢体障害をもつ人の介助に慣れた介助者が必置であること、記入方法の工夫（印をつけるだけで投票可能）などをあげていた。

⑤E氏のケース

これまでの選挙にはすべて参加しており、投票方法は、近年では毎回郵便投票を活用している。郵便投票では事前手続きが求められ、選挙管理委員会の担当者の前で自署し、筆跡が選挙管理委員会に保存され、「郵便投票許可証」の発行を受ける。投票に際しては「許可証」同封で郵便投票を申し込み、投票用紙を郵送してもらう（そこに「許可証」が同封されて返却される）。

実際の投票については、自宅での記入であり、家族や介助者に補助してもらって自筆するため特に問題はない。記入方法は、直に床に座り、大判の本などを台とし、その上に投票用紙を置き、それを介助者が適切な角度で持って固定し、常用のペンを口にくわえて記入する。車イスに乗ったままでも、角度を調整すれば同様の方法で記入することは可能であるが、通常の平机（角度がなく平板なもの）に高さのみを調整した状態では、自筆で記入することは困難である。投票用紙の封入や投函などは介助者または家族が行っている。

投票行動全体に関して意見を求めると、郵便投票の事前手続きにおいて「サインは自筆でフルネームを記入」を原則としているが、このしくみでは、名前までは書くことができない肢体障害をもつ人が対象外になってしまうとの指摘があった。たとえば、候補者および政党の名称を文字で記入する方式もあわせて検討しなければならないが、本人確認という意味でのサインについては、必ずしもフルネームの必要はないのではないかという意見であった。また、投票所までの移動については、投票行動にかかる介護者の確保という側面と介護タクシーの活用といった移動手段の確保という両側面を完全に保障すべきであるという意見を述べていた。

◉都道府県議および市議選挙に立候補したF氏のケース

先に述べたように「参政権」としては、選挙において投票する投票権のほかに、特に障害当事者の「政治への直接参加」という意味で、選挙への立候補すなわち被選挙権の保障が非常に重要である。障害をもつ人たちのあたり前に生活する権利を訴え続けたF氏本人はすでに亡くなっているが、F氏をよく知る支援者にインタビューすることができたので、インタビュー内容を掲載しておく。

（1）F氏および支援者（資料提供者）のプロフィール

【支援者】氏名：G氏
　職責：生活介護事業所・相談支援事業所・居宅サービス提供事業所 所長
　続柄：事業所職員、ボランティアの支援者

【F　氏】氏名：F氏（二〇〇五年没、享年六〇歳）
　性別：男性
　障害：脳性マヒによる四肢および体幹機能障害一種一級、言語障害、電動車イス使用
　備考：全身性障害者介護人派遣事業の導入以前はボランティアを活用し、支援費制度導入以後

はデイサービスとホームヘルプサービスを利用し、公団住宅に設けられた障害者用住宅で単身生活を送っていた。

(2) 選挙活動の経緯

F氏が最初に選挙に立候補したのは一九九五年で、都道府県議選挙に一回、市議選挙に二回の計三回である。F氏は介護者派遣の公的制度ができる以前より、苦労してボランティアを募って地域生活を続けていた、いわば「自立生活の先駆け」的存在であり、以前より「死ぬまでに一回は選挙に立候補したい」「障害当事者の立場で発言したい」との希望をもっていた。訴えたい主な内容は、十分な介護者派遣の制度、バリアフリーの街づくり、その他障害をもつ人の権利保障などであった。

その考えに呼応した支援者たち(多くはボランティアでF氏の生活を支えていた人々)が中心となり、約二〇人の「支える会」が結成され、F氏を中心に何度も話し合いがもたれ、パンフレット作り、ポスター作り等、立候補の準備を進めていった。準備が進むにしたがって「支える会」は少しずつ人数を増やしていき、途中からは、F氏も関係していた当事者団体も合流してくるようになった。しかし、「障害のない人たち」を中心に組織されていた「支える会」と当事者団体の考え方には開きがあり、F氏自身が当事者団体の考え方に同調したのを機に「支える会」は都道府県議選挙の公示前にグループとしての活動を解消することになり、その後は、G氏をはじめ個人支援者としてF氏を支えることとなった。

選挙活動については、街頭演説における言語障害も課題となったが、それよりもとにかく移動の確保の苦労が大きかった。F氏が外出する際には、トイレ介助その他の関係で介助者(原則的に同性の介助者)の同行が不可欠だが、毎日、昼間の時間帯に男性介助者を確保することが非常に困難であった。それでも、一部の学生支援者は大学を休み、仕事をもつ支援者は仕事を調整してF氏の選挙活動を支え続けた。結局、

F氏が当選することはなかったが、支援ボランティアによる選挙活動への支援は三回目の立候補まで続いた。

G氏に対して、F氏の選挙活動を支援してきた経験をふまえて「肢体障害をもつ人が立候補すること」にかかる課題を尋ねたところ、やはり選挙活動中の介助者確保が課題であると述べていた。F氏が最初に立候補した当時はホームヘルパーの制度も確立しておらず、その確立がF氏の訴えの中心でもあったが、F氏の場合は支援ボランティアが介助を全面的に担ってきた。しかし、障害をもつ人の活動を保障する側面、また、立候補という形で障害をもつ人の参政権を保障する方向であれば、選挙活動中の介助者については公的な制度で保障すべきではないかとの見解を述べていた。

2　今後の課題と改善策の可能性（インタビュー結果をもとに）

本節では、先のインタビュー結果をふまえ、肢体障害をもつ人の参政権に関するバリアフリーについて、先にあげた物理的バリアフリー、心理的バリアフリー、制度的バリアフリー、情報のバリアフリーの観点から、今後の課題と改善策の可能性を考えてみたい。

◉投票所のバリアフリー

投票会場の物理的バリアフリーは、当日投票の行われることの多い小学校、期日前投票の会場となる市区町村庁舎を含め、ほぼ整っているとのことであった。ただし、投票所内の移動介助については、同伴の介助者が行う場合と選挙管理委員会の担当者が行う場合があり、地域によってばらつきがみられた。

また、選挙管理委員会担当者の介助を受けている人には、不安感や不都合を感じている人もおり、特に座位保持が不安定、人工呼吸器の使用など、障害が重度すなわち慣れた介助者でなければ介助がむずかしい人になるほど、その不安感（あるいは、頸椎を痛める恐れ等の現実的かつ重大なリスク）は大きい。すべての投票会場に熟練の介助者を配置することは現実的にむずかしいことを考えれば、特に専門の介助者には守秘義務があり支援中に知りえた利用者の情報を守る責務（日本社会福祉士会倫理綱領、日本介護福祉士会倫理綱領など）があることに鑑み、「投票の秘密」や「不正の防止」等に十分配慮することを前提に、投票時の介助者による投票行動全般への介助を認めるべきである。

さらに、A氏のケースに登場する「投票に来た市民の自転車が邪魔になった」という話は、障害をもつ人に対する無理解によって生じる心理的バリアの典型であるが、前述の投票所内における介助についても、慣れない人が介助することで障害をもつ人にどれだけの負担がかかるかを理解していないという意味では、これも心理的バリアの一つと考えられる。この課題は、障害をもつ人の参政権をめぐる全般にわたって根本となる課題、すなわち、障害をもつ人の参政権を保障する前提として「障害をもつ人のことを理解しなければならない」という課題にも通じている。

◉投票行動にかかる介助者の確保

この問題は、F氏も含め、今回インタビューに協力していただいたすべての障害をもつ人々に共通している課題である。そして、これを公的制度が保障していないという側面からみるとき、制度的バリアの一つであると考えることができる。

また、A氏のケースにおいては、視覚障害をもつ人の投票行動にかかるガイドヘルプ利用の時間上乗せが認められた事例を紹介したが、C氏、D氏のケースも含め、単に制度的バリアを解消するだけでは現実的な解決にはつながりにくいという現状を理解することができる。これは投票行動のみに限定された課題ではないが、その背景には、ガイドヘルプを含む障害者支援サービスそのものが、予定変更や急な依頼には対応しにくい程度にしか機能していない現状がある。そしてここでも、慣れた介助者ではないと介助がむずかしい重度肢体障害をもつ人であれば状況はより深刻になる。

障害をもつ人の社会参加の促進を企図するガイドヘルプサービスではあるが、投票という形での社会参加は、国民として最低限保障されるべき権利の行使であるという意味で、その他の社会参加一般とは一線を画すべき、また最優先されるべき重要な社会参加であるという認識をもたなければならない。そのような観点に立てば、もちろん障害をもつ人の社会参加一般を促進すべく努力しつつ、社会福祉サービスが不十分なことにより権利の行使が阻害されている人については、単なるガイドヘルプサービスの時間延長にとどまらず、別枠の予算で対応する等も含めた抜本的な変革が求められると考えられる。

◉投票方法のバリアフリー

郵便投票の制度については、E氏のように一定の条件を満たす障害をもつ人には有効だが、条件の合わない人には使いにくく、条件を整備するか、それに代わる手立ての開発が必要である。また、歴史的にみれば、不正を防止すること、すなわち「公正」を優先していったんは在宅投票（郵便投票）自体が廃止された時期があり（井上英夫編『障害をもつ人々と参政権』法律文化社、一九九三年）、制度復活後は、その対象を広げつつ現在に至っている。「公正」と「権利保障」の法的な解釈については本書フィールドⅢに詳しいが、障害者福祉の観点からすれば、障害をもつ人ともたない人を区別し、障害をもたない人に保障されている権利は障害をもつ人にも保障されるべきという、前提を間違った（と私は考えている）議論と同一の方向性にあると考えられる。つまり、正すべきは「障害をもつ人ともたない人を区別する前提」であり、障害をもとうがもつまいが、人がその最低限の権利を行使できない状況にあるならば改善することこそが前提であり、そのうえで「公正」を保つにはどうしたらよいかを考えるべきなのである。

また、インタビューでは、投票用紙の記入方法についても改善の余地があることが示唆された。具体的には、C氏、E氏の指摘のように、候補者名および政党名を「文字で記入する」という部分が改善されれば自筆での「チェックの記入」が可能となる人もいる。これは、C氏のケースにあるように最高裁判所裁判官の信任審査でも公式に採用されている手法であり、投票方法全般への導入を検討すべきである。これは、障害者福祉の領域では「意思表示の困難な利用者」の場合にあたり前に導入されている手法であり、障害をもつ人の参政権を保障する場面においても、専門領域で構築された手法に学び、もしも本気で障害をもつ人の参政権を保障する意思があるのならば、それらを謙虚に取り入れていく姿勢が求められるのではないだろうか。

⦿おわりに

本稿では、肢体障害をもつ人たちへのインタビューをもとに、肢体障害をもつ人の参政権に関するバリアフリーについて考察してきた。二〇〇三年の支援費制度の導入、二〇〇六年の障害者自立支援法の施行、さらには、現在検討されている「障害者総合支援法」の導入に向けた議論のなかで「政治」は障害当事者の意見を聴取し、その参画を強調している。しかしながら、その「政治」を選択する、あるいはF氏のケースのように「政治」に直接的に参加する機会を障害当事者から奪っているとすれば、それは「理念なき、小手先の取り組み」であるといわざるをえない。

肢体障害を含むすべての障害をもつ人が、自分たちの生活を左右する「政治」を選択する機会を完全に保障され、自分たちを除く「他者」によって選ばれた人たちによって自分たちの生活や人生が勝手に決められることのないよう、障害をもつ人の参政権は、ほかの何事よりも優先的かつ完全に保障されなければならない最優先課題であると考えられる。最後に、私個人は、この課題の解決こそが、わが国が本当に民主主義の国家でありえるかの前提を左右する重要な分岐点の一つとなると考えていることを付け加えて論を閉じたい。

【参考文献】

成清美治・加納光子編『現代社会福祉用語の基礎知識〔第九版〕』学文社、二〇〇九年

井上英夫編『障害をもつ人々と参政権』法律文化社、一九九三年

河東田博『ノーマライゼーション原理とは何か―人権と共生の原理の探求』現代書館、二〇〇九年

コラム3

なぜ、お願いしなければならないのか

NPO法人福祉広場　井上吉郎

二〇一〇年四月一一日、僕は一人で投票所に足を運んだ。京都府知事選挙の投開票日だ。昨年の総選挙も一人だったので様子はわかっている。昨年は、選挙実務を担当している人が外にいて、僕の電動車いすを持ち上げてくれたので、大きな問題なく投票ができた。今回もそうだろうと勝手に考えて、投票所に向かった。

投票所になっている小学校までは、車道の信号が一つしかないので、今回もスムーズに投票所の前までついた。満開の桜を眺めながらのショートトリップという風情だった。ところが、だ。僕が車いすに乗ってやってきた投票所（小

学校）は、道より五センチほど高くなっている。電動車いすを使っているのだが、この高さだとバリアとなって投票所には入れない。今回は人がいない。周りをキョロキョロ見渡しても、人の姿が見えない。「あきらめて帰るのはしゃくだなー」と考えて、大きな声を張り上げて人を呼ぶことにした。「お願いしまーす。お願いしまーす」。

まもなく係りの人が投票所の中から出てきて、「すみません」と言いながら、僕が座っている車いすを持ち上げてくれた。手助けがあって投票所には入れたが、どうして声をはりあげる必要があったのか。あたり前のことをするのに、なぜお願いしなければならないのか。自分が嫌になった。道路と投票所を結ぶ段差に、段差をなくすためのしかけを置くことは、それほど大げさなことではないのにと思ったことだった。

中に入って投票になった。脳幹梗塞の僕は利き手であった右手が不随意運動をするので、氏名を自分で書く投票方法では、代理投票を頼むしかない。今回の選挙には二人しか立候補していないし、投票する人もはっきりしているので、その人の氏名を告げて、代理で氏名を書いてもらった。

ところで、僕は障害の特性もあって、小さい声で話すことが不得意だ。また、言語障害もあるので、大きな声を張り上げて自分の意思を伝える。ということは、僕が誰に投票したか、投票所にいるすべての人に筒抜けであることを意味する。「秘密投票」は僕に関する限り無縁だった。原則でいえば、「すべて選挙における投票の秘密は、これを侵してはならない」（日本国憲法第一五条）という条項に反することを公務員がやっていることになる。

投票権は民主主義の進展につれて広がってきた。投票権を制限し、捻じ曲げるようなしくみの撤廃が早急に求められている。

4　知的障害のある人と参政権

立岡　晄（きょうされん前理事長）
橋本佳博（元養護学校教諭）

◉はじめに

せんきょ　の　とき　かくとうから　マニフェストがだされるが　ふりがながなく　むずかしいことが　いっぱい　かかれていて　わからない。せんきょのとき　はがき　いちまいきて　ふりがなもなく　こまかくかかれていて　どこに　とうひょうじょ　が　あるのかわからなくて　いけないこともありました。

せんきょ　は　すべての　仲間たちが　いどうしえんを　つかえるように　べつに　サービスが　ひつようです。

おおきな　じで　かいていくべきです。

しょうがいがある人も　こうれいの人も　みおとして　しまうので　はいりょが　ひつよう　です。

成年後見になると　せんきょけん　が　なくなるのを　やめてほしい。

入所施設に　はいっている仲間たちは　ゆうどう　されて　せんきょに　いかされる　事件も　おきている。

とうじしゃ　だんたいの　かつどうに　たいして、国は　おかねを　だしてほしい。

いろいろな　しょうがいのある人たちが　国会ぎいんになれば　わかると　おもう。
アイキュウーで八才二ケ月と　はんてい　された　なかまが　さいばんではさいばんする　のうりょく　がないといわれ。せんきょ　では　おとな　とされる。かってな　つごうで　いいように　あつかわれて　しまっている。

せんきょ　の　とき　かくとうから　マニフェストがだされるが　ふりがながなく　むずかしいことが　いっぱいかかれていて　わからない。
せんきょのとき　はがき　いちまいきて　ふりがなもなく　こまかくかかれていて　どこに　とうひょうじょ　があるのかわからなくて　いけないこともありました。

これは、障がい者制度改革推進会議の委員二四人のなかの知的障害のある委員の発言（二〇一〇年三月一九日、第五回会議）である。わが国の選挙制度は知的障害のある人が投票権を行使できる具体的な配慮がまったくなされていないことが指摘されている。とりわけ大津地裁で開かれた障害者自立支援法違憲訴訟第一回目の公判で、原告らが窮状を赤裸々に訴えたのに対し、被告の国側からは『原告の発達年齢はいずれも幼児程度であり、訴訟能力があるかどうか明らかでない』（中日新聞二〇〇九年四月一二日）と実質的な審理以前の門前払いを求めたのである。
選挙権の行使といっても、知的障害のある人たちの多くは選挙をする意味などを理解することがむずかしいのが現状である。だからといって憲法に保障されている参政権を最初からあきらめ、放棄することはいかがなものであろうか。全国では知的障害のある人の参政権行使のため、様々な努力が積み上げられてきている。たとえば、知的障害のある人が利用する東京の滝乃川学園では一九七四年から今日までの長きにわたって選挙参加を支援する取り組みが行われている。具体的には、憲法の学習から始まり公職選挙法の勉強をしたうえで実際の場面を想定しての施設での模擬投票、立候補者の立会演説会の実施など幅広い貴重な実践を積み上げている。また、知的障害のある人が利用する滋賀県の施設「あざみ寮・もみじ寮」では、寮生に対して地域在住の社会科教師による社会科教室、憲法学習の積み上げから参政権を行使する成果を生んできている（詳細は第一節参照）。

このような粘り強い学習を積み上げるなかで着実にすばらしい成果が生まれているものの、知的障害のある人たちの参政権行使は手つかずといっても過言ではない。本稿では知的障害のある人の参政権行使の課題を列挙することで、今後の対応を検討する一助となればと思う。

1　あざみ寮・もみじ寮の社会科教室

滋賀県湖南市にある知的障害のある人が利用する施設あざみ寮・もみじ寮で社会科教室を開いて二三年になる。あざみ寮は、日本で初めて知的障害のある年長女子施設として、大津に一九五三年に誕生した。もみじ寮は、県内の一番目の授産施設をめざして、一九六九年に石部町（現、湖南市）に誕生。このとき、あざみ寮は更生施設となり、同年同地に移転して併設となり、両施設は新たなスタートをきることとなった。

二〇一〇年現在、利用者総数七六人、平均年齢五八歳（あざみ寮利用者二八人、平均年齢六〇歳、全員女性。もみじ寮利用者四八人、男性二五人、女性二三人、平均年齢五六歳）。作業班は、農園科、焼きもの科、洗濯科、織物科、炊事科の五つに分かれている。

設立当初は保護主義体制がとられていたが、一九八一年の国際障害者年で、障害をもつ人の「完全参加と平等」の流れが全世界に広がるなかで、寮内においても、「すすんで社会参加をめざして」のテーマのもとで、「施設内でできることとできないことは何か」を課題に、具体的活動が検討された。それらは、「主権者」としての権利意識を確立し、自分は「国の主人公」との思いをもち、権利行使をしながら「人間らしく生きる」ことを目的としていた。

⦿社会科教室の誕生

寮内の生活が安定しだしてからは、茶道、華道、陶芸等の本職に来てもらい指導を受けていたが、勉強したい、学びたいとの想いがふくらんできていた。「みんなで勉強するなら社会科学習だと思いました。みんなは町役場も県庁もどんな役割をもっているのか知らず、もちろん国会についてもわかりません。社会のしくみから学習が必要だと思いましたが、勉強ごっこであってはいけない、みんなにとって『生き方』としての社会科学習が必要なのです。勉強したい、学びたいという声を文化を求める生き方として、大きく受け止めて暮らしのなかで育てていきたい」という、あざみ寮長の石原繁野さんの思いから、当時、県立学校で社会科を担当していた筆者（橋本）に依頼があり、社会科教室の誕生となった（現在、社会科教室は月一回開催）。一九八七年のことであった。

⦿今、なぜ日本国憲法か

みんなと生活するには、いろいろの約束事があることの気づきと理解から国の基本となる決まりである

「憲法」を学ぶことになる。つまり、それは「生きる基本を学ぶこと」である。憲法を学習する際は常に社会問題とからめる、あるいは社会問題を憲法とからめて考えるようにしている。いじめ、自殺等のニュースが取り上げられたときには「人権」について考え、米軍の基地問題、他国での内戦、戦争のニュースのときには平和主義（前文、第九条）を、選挙があれば、国民主権の意義を考える。繰り返し学習するなかで、少しずつ、しかし確実に理解していっている。憲法の視点から世のなかの動きをみることにより、ものの見方、考え方が広がり深まっているのである。

◉「私も選挙したいな」―つぶやきから選挙の学習、そして投票へ

（1）一九九〇年六月知事選

社会科教室が始まって数年が経過した、選挙が近づいたある日、長年寮生活をしていた利用者の一人が「なんで寮からは選挙にいけへんの」とつぶやいた。これをきっかけに寮の取り組みと連携して学習することとなった。単に投票行為をするだけではなく、「主権者」としての権利意識をしっかりと認識することもねらいとした。あわせて、利用者の暮らしについて、「人権保障」の観点から、改めて見直すこともなされた。自己決定権が大切にされているか。要求を前向きに受け止めているか。一九九〇年六月一五日の全体職員会議で「利用者の選挙権をどう広めていくか」について、初めて提案がなされた。この日の全体会議では、「一人ひとりに選挙権があることを寮長から話してもらう。あおったりはしない。人権問題の一つとして捉える。社会科教室で学習する」ことを合意した。

一九九〇年六月二四日、知事選の投票日。「せんきょ、行った」「なあ、紙入れてきたで」「せんきょしたで」……。投票をすませ寮へ帰ってきた利用者の口から、やや興奮気味ながらも感動をまじえた声があ

ふれ出た。この日を迎えるにあたり、社会科教室では、「自分で考え、自分で判断し、自分で選ぶ」ことに配慮して学習を二回行い、「投票」の具体的行動から参政権の意義、「主権者」についての学習、候補者の政見について取り上げた。時間的にも、内容的にも不十分であったが、とにもかくにも第一歩を踏み出したのだ。

この知事選（候補者二人）での利用者（計三三名）の判断基準は次のようなものであった。「容姿で選んだ人」（七人）、「ただなんとなく」（八人）、「友だちと同じ名前の人」（一人）、「年をとった人」（一人）、「若い人」（一人）、「選挙カーの人たちが自分に手を振ってくれたから」（一人）、「卓球大会で実際に見て、親しみを感じたから」（二人）、「県庁見学の際もらった〝わたしのたちの県庁〟に写真がのっていたから」（一人）、「忘れた」（一人）、「いくら考えても分からなかったので適当に入れた」（一人）、「二人とも書いた」（一人）、「公報を見て選んだ」（一人）、「未確認」（七人）。

（2）教室での「選挙特集」学習

選挙前後に、社会科教室では寮内での取り組みと連携し、「選挙特集」として以下の学習をしている。◎今は何の選挙かな、◎選挙の意義、◎誰が出てるのかな、◎どんな政党（グループ）があるのかな、◎どんな人、政党（グループ）を選ぶのかな、◎選挙公報・政見放送等、◎投票での注意点――自力投票、代理投票、◎投票日、◎どんな人、政党（グループ）を選んだのかな、◎当選（合格）した人は誰かな、◎どんな約束をしたのかな――選挙公報での学習。

「選挙特集」を始めたのは一九九〇年六月、知事選を前にしたときであった。「選挙ってどんなこと？」から学習し、「紙をもらって名前書くんやで。自分の名前や寮長さんの名前はあかんで」から始まって、「立候補者」「当選者」へと進めていった。

一方、寮でも社会科教室の「選挙特集」に呼応して、全体職員会議で報告し、内容の確認とバックアップの必要性を論議している。一人ひとりが有権者であり、政治参加の権利行使ができるように、教室に出席していない人にも、選挙に関心をもつように取り組んでいった。

候補者を選ぶとき、ポスター、看板、チラシ、新聞記事のアンケート等を見たりするが、なかでも選挙公報が決め手の一つになっている。候補者の主張が載り、全員に配布されるので、いつもこれで学習をする。しかし、字の読めない人が多い知的障害のある人にとっては、決してやさしい情報提供とはいえない。「せめてルビがあればなぁ」「もっとわかりやすくできないものかな」と思うこともしばしば。その後、読み聞かせをするが、解説は原則としてしない。知る権利の保障のために、わかりやすい情報提供、立会演説会、戸別訪問、文書活動が自由化されれば、知的障害のある人にとっては、もっと選びやすくなるのではないだろうか。

投票日の職員朝礼ではいつも、「利用者さんの投票意思については、否定的に扱ったり、あおったりはしないで、あくまで本人の自由意思で判断するようにすること。候補者に対しても、本人自身が選び、判断するようにしてください」と、最終的な確認がなされている。勤務態勢の関係から、自力投票の可能な人と代理投票の人とに分かれて行くこともある。

自力投票可能な人とは、選挙するという意思をもっている人であり、字の読み書きができる人。代理投票の人とは、文字は書けないが、言葉で候補者を表現できる人。または、文字や言葉では自分の意思を表現することはむずかしいが、候補者を指さすことならできる人である。投票管理者に申し出ると、二人が付き添い、意思を確認し、代理投票できることになっている。

投票方法において、候補者の氏名のほかに写真、トレードマーク等があれば、今よりはやさしい投票のやり方になるのではないか。

社会科教室では、選挙の争点がはっきりしている、いないにかかわらず、「あなたはどんな人を選びますか」の問いかけをし、選挙公報を中心に、その人の思いを大切にして候補者のなかから特定する方向性を出すようにしている。投票後は「どんな人を選んだのかな」を聞き、そこでの約束を確認している。

◉今後の課題

一九九〇年の知事選挙以来、すべての選挙に三〇人前後が権利を行使している。投票行為は理解されているが、制度そのものが複雑な「小選挙区比例代表並立制」、最高裁判所裁判官の「国民審査」についでは「わからないもん」の声がよく聞かれる。

知的障害のある人の参政権を保障するための選挙のあり方を問い、彼（女）らの思いを世のなかの動きにまで押しすすめるようにしなければならない。主権者としての権利を行使するためにも、誰もが政治に参加できる社会づくりをすべきである。

2　知的障害のある人と参政権

◉日本国憲法第一五条

日本国憲法の三大原則の一つに国民主権があり、このなかに参政権がある。参政権とは、「国民が国政に直接または間接に参与する権利。選挙権・被選挙権、国民投票、国民審査で投票する権利など」（広辞苑）であり、憲法における関連条文として第一五条がある。

第三項、四項は、選挙についての基本原則を定めている。まず成年者による普通選挙である。成年に達したものは、すべて選挙権および被選挙権を有する。人種、信条、性別、社会的身分、門地、教育、財産または収入による制限はない。これを普通選挙という。次に秘密投票制である。いかなる政党、いかなる候補者に投票するかについて表明する必要はなく、自由な投票を確保することである。

⊙公職選挙法第一一条

公職選挙法第一一条の「選挙権及び被選挙権を有しない者」として、①成年被後見人、②禁錮以上の刑に処せられその執行を終わるまでの者、③禁錮以上の刑に処せられその執行を受けることがなくなるまでの者（以下略）、とある。成年後見制度を利用して成年被後見人になると、公職選挙法により「選挙権及び被選挙権を有しない者」に該当することとなる。

もともと民法に禁治産、準禁治産という制度があったが、人権の観点から名称が不適切であるとの指摘があったこと、判断能力の判定が困難であることをふまえて、成年後見制度が導入された。成年後見制度は、認知症や知的障害、精神障害などにより判断能力が不十分な成人に代わり、代理人が生活と財産を保護する制度であり、本来は財産管理を目的としている。にもかかわらず、成年被後見人になった知的障害のある人が選挙権、被選挙権を剥奪されるのは、ノーマライゼーション、「すすんで社会参加を」といわれている現代社会において矛盾するといわざるをえない。権利擁護の観点からも、成年後見制度と選挙権についいては見直すべきである。

3　知的障害のある人の参政権保障の課題

◉参政権保障以前の知的障害のある人

知的障害のある人の就学権、労働権、生活権など生きていくための最低限の権利保障が皆無の時代であった一九七五年、筆者（立岡）は、作業所への補助金制度もないなか、滋賀県の長浜市で無認可ひかり園作業所を立ち上げ、就学を免除され自宅に閉じ込められていた重い知的障害のある仲間たちと一緒に働く取り組みを進めてきた。やがてそこは知的障害のある人たちの明日を展望できるエネルギーが満ちあふれるようになった。一九七〇年後半からこうした作業所づくり運動が全国展開されるなか、一九七七年夏に共同作業所の全国組織としてきょうされん（旧、共同作業所全国連絡会）が結成され、その後、共同作業所づくり運動は一気に全国各地に広まっていった。

きょうされんは「働く中でたくましく」というスローガンのもと、障害をもつ人の社会参加をめざして作業所の補助金制度拡充を求める署名・募金大運動を三〇年以上毎年一貫して国に求めてきている。きょうされん結成後六千か所以上（きょうされん二〇〇三年三月調査で六〇二五か所／きょうされん第二七回全国大会基調報告）に増え続ける障害をもつ人の働く作業所に対し、厚生労働省は多くの反対を押し切って二〇〇六年四月から障害者自立支援法を施行し、障害をもつ人が福祉サービスを受けるたびに一割の自己負担を義務づけたのである。一方、福祉サービスを提供する事業所に対しては、これまでの支援費の月割り保障から日割りへと切り詰めてきた。これまで不十分ながら保障されてきた福祉の権利性は、障害者自立支援法施行により一気に「能力に応じて買う」福祉へと市場化され、薄められてしまったのである。

障害をもつ人は一割負担に耐えかねて施設を退所するなど福祉の後退が現実化し、親子無理心中事件までが引き起こされた。このような厳しい状況を目のあたりにし、障害者団体や個人が一致団結し日本弁護士連合会と連携して、憲法第二五条などに違反する障害者自立支援法廃止を求める訴訟を国に対しておこし、二〇一〇年四月二一日、約一年半にわたる一四地裁での訴訟はすべて和解に至った。一方で民主党は「障がい者制度改革推進会議」を発足させ、障害者自立支援法に代わる新しい総合福祉法制定をめざしている。

◉知的障害のある人の選挙に関する課題

この第五回障がい者制度改革推進会議では、政治参加について以下のように検討された。

① 選挙公報などの行政の提供する情報、政見放送などの選挙に関する情報についてどう考えるか

知的障害のある人については、「平易な言葉に置き換えないと理解が困難であるが、選挙公報の発行回数は一回とされていること（公職選挙法）第一六七条第一項及び第二項〝掲載文又はその写しを、原文のまま選挙公報に掲載しなければならない〟ことから、知的障害のある人向けに選挙公報を発行することはできない現状にある」という意見に対して、「障害者の権利条約の第二九条（政治的及び公的活動への参加）の権利として、選挙公報をはじめとする選挙に関する情報のバリアフリーが必要である」との国際的な視野からの指摘がなされた。また、法律の改正を待つまでもなく、今すぐにも知的障害のある人への配慮や支援の工夫で改善できることもあるのではないだろうか、検討してほしいと指摘された。

次に、「政見放送でどのような放送を流すかは、個々の候補者に最終的編集権があり、国が無断で編集し変更することは出来ない。しかし、点字に翻訳したり、知的障害のある選挙民にとって判りやすく説明し直すことは、候補者が行うのではなく、公的機関が公正に実施する制度に改めるべきである」との意見

や、ある委員からは、「近年メディアが発達しており、紙媒体による選挙公報以上に政見放送の果たす役割が大きくなっている。それだけに全ての障害のある者に対して、政見放送が理解できる形式で提供されなければならない。聴覚障害者に対しては手話や字幕による配慮が、視覚障害者に対しては副音声による配慮が必要不可欠であり、知的障害者などに対しても副音声などによる解説や置き換えが必要である」と、近未来を見据えた提起がなされたが、うなずける提案である。

② 選挙権、被選挙権に関する欠格条項をどう考えるか

欠格条項に関しては多くの委員から即刻改善すべきとの意見が強く出された。たとえば、「選挙権は国民の最も重要な基本的権利であり、成年被後見人の選挙権の剝奪は、その基本的権利を損なうものであり、公職選挙法を改正すべきと考える」などは、委員の共通意見であった。その主な理由は、「成年被後見制度が主に財産管理を目的にしていることに対して、選挙権や被選挙権まで制限することは不合理である」、「WHOのICF（人間の生活機能と障害についてこれまでの心身機能、身体構造、活動、参加に環境因子を加えた考え方。フィールドⅢの3参照）では、マイナス・できないことだけを見るのではなく、プラス・できることも、総合的に見ようと促している。できることを活かし、できないことは環境で補って平等な社会参加をというのが障害者権利条約にも表れている」、「知的障害を有していたとしても、あるいは成年後見が付されている場合であったとしても、被選挙権及び選挙権は保障されなければならない。そうした人たちに対しては、適正なあるいは的確な判断に至るための情報提供や補助者が準備されることが必要であるとしても、選挙権そのものを奪うことは誤りである」、「（知的障害を有する者の）選挙権の行使（場合によっては被選挙権の行使）は絶対に保障されなければならない」というものである。

③ 投票所への移動手段をどう考えるか

「現行選挙制度は投票所における投票を原則としているが、これにこだわるべきではない。デンマークで実施されているように、選挙管理者が選挙権を行使しようとする障害のある選挙権者の下に出向いて投票させるという制度も考えられる」という意見は、日本も学ぶべきである。日本の選挙権保障はあまりにも画一的で、障害をもつ人、とりわけ知的障害のある人に対しての配慮や具体的検討がなされていない。抜本的改善が基本であるが、即刻可能な工夫や努力、改善すべきことがある。

④ 投票所までのバリアや投票所内での障害に応じた必要な配慮をどう考えるか

「そもそも投票所になるような公共施設は、すべてバリアフリーであるべき」は当然のことだが、小学校の体育館や公民館の二階の投票所など、公共施設といえども課題があるのが現実である。ある委員から出された資料では、「総務省の調査によれば、平成一九年の参議院議員通常選挙のときに、入り口に段差のある投票所は五五％にのぼり、投票所を入り口と同一フロアーに設置できないところも二％あった」という。このような物理的なバリア以外にも、投票所の緊張した圧迫感のある雰囲気などは、知的障害のある人には大きなバリアであり改善策が必要である。

投票に関して、知的障害のある人の場合は記号投票の工夫、最高裁判所裁判官の国民審査の「×」をつける方式のような、知的障害のある人の目線で投票がしやすい方法へと変更すべきである。「障害のある人の権利条約」第二九条の「選挙人としての障害のある人の意志の自由な表明を保障すること、必要な場合には、障害のある人の要請に応じて当該の障害のある人が選択する者が投票の際に援助すること」が実効性を伴うよう環境改善に力を尽くす必要がある。

4　まとめ

わが国における知的障害のある人の参政権に関するバリアは、全体としていまだ手つかずといった状態ではないだろうか。しかし世界的視野でみると、二〇〇六年一二月に国連総会で「障害のある人の権利条約」が採択され、その後二〇か国が批准したことで、二〇〇八年五月三日、「障害のある人の権利条約」は発効した。そして二〇一一年一月二八日現在で九七か国が批准するところまできている。五〇か条からなる「障害のある人の権利条約」の第二九条「政治的及び公的活動への参加」で、「障害のある人が、直接に又は自由に選んだ代表を通じて、他の者との平等を基礎として、政治的及び公的活動に効果的かつ完全に参加することができること（障害のある人が投票し及び選挙される権利及び機会を含む）を確保すること」と規定されている。

今進められている障がい者制度改革推進会議では「私たち抜きに私たちのことを決めないで！」のフレーズどおり、「障害のある人の権利条約」の批准を視野に入れての障害者運動史上歴史的な節目を迎えている。

◉主権者としての学習と「人権保障のための選挙のあり方」

知的障害のある人たちの政治参加を広げていくためには、主権者としての学習を進めるとともに、「人権保障のための選挙のあり方」を考え、実践しなければならない。検討すべき具体的課題は次のとおりである。

① わかりやすい情報の提供：すべての選挙に公報（ルビ付き）を出す／立会演説会の復活／戸別訪問・文書活動の自由化

② 投票方法：立候補者名簿・投票用紙にイラスト、写真、トレードマーク、シンボルマークを活用

③ その他：政見放送のあり方／投票所への移動／投票所でのバリア・フリー／成年後見制度のあり方

⊙知的障害のある人々の「大学校」で

滋賀、京都では、二〇〇九年四月より、養護学校卒業生の知的障害のある人々の大学校づくりの運動、実践研究が進められている。そこでも、参政権の実践が取り組まれつつある。

【参考文献】

井上英夫編『障害をもつ人々と参政権』法律文化社、一九九三年

川﨑和代『障害をもつ人の参政権保障をもとめて』かもがわブックレット162、かもがわ出版、二〇〇六年

小西由紀・藤本文朗ほか「知的障害をもつ人々にこそ高等教育を」滋賀大学教育学部教育実践センター紀要、二〇一〇年

橋本佳博・玉村公二彦『障害をもつ人たちの憲法学習―施設での社会科教室の試み』かもがわ出版、一九九七年

橋本佳博「施設での憲法学習」玉松公二彦・峰島厚編『障害児および障害者の学びと生活』〈講座　転換期の障害者教育三〉三友社出版、一九九九年

山本忠「知的障害をもつ人々の参政権の歴史」「障害をもつ人々と参政権」研究会発表レポート、二〇〇九年一一月一五日

コラム4

選挙について思うこと

京都知的障害をもつ人々の大学校学生　小西高史

●僕が選挙で投票をする時にはどこの党に投票をすれば自分のために一番良いのか考えて投票に行きます。

●朝、仕事に行く時や休日の時などに街頭演説をしていると必ず配られているパンフをもらいます。そしてその人や属している党がどんなことをやろうとしているのか見て投票の参考にしています。

●選挙には知事選や市長選があるのに、なぜ首相は選べないのか、僕はいつも疑問に思います。国の先頭に立つ人だからこそ国民の声を聞いてしっかりと選ぶべきだと思います。

●今のやり方みたいに「○○総理が辞任したから、次は××さんか△△さんのどちらかだ」というのは結局のところ何も変化がないのとかわりません。だから僕は少しでもこの政治を変えてくれそうな人に今後も投票を続けたいと思います。

●友達と選挙の話は特にしたことはありません。

●選挙のことをわかりやすく説明するには、いろいろな物(絵やビデオ、小道具等)を使ってやるのがいいと思います。

●選挙の場所や投票のやり方はわかりやすいとは思うが、もう少しやり方は変えられると思います。たとえば、名前を書くのではなく名前の書いてあるワクの下に○をするなどすればもっと投票時間を短くすることができるかなと思ったりします。

5　認知症の人と参政権

小椋芳子（大阪健康福祉短期大学　非常勤講師）

⦿はじめに

日本では、一九八一年に第二次臨時行政調査会が発足し「小さな政府」「増税なき財政再建」をスローガンとして掲げ、老人医療費無料化の廃止を提言した。その結果、老人福祉法の見直しが行われ、その代替に一九八二年に老人保健法が制定され「痴ほう」の予防や対策が行われるようになり、高齢者の保健、医療、福祉は高齢化社会のなかで少しずつ発展してきた。

なお、二〇〇四年に厚生労働省は「痴ほう」という言葉は侮蔑的で、その実態を正確に表しておらず、早期発見や診断等の取り組みの支障となっているとの判断から、行政用語を「認知症」へと変更した。また、一九八〇年に発足した、当事者を中心とした民間団体である「呆け老人をかかえる家族の会」も「認知症の人と家族の会」へと名称を変更している。

ところで、これまで高齢者の人権として参政権の保障について議論されることはなかったのではないだろうか。高齢者は社会の弱者であり、とりわけ認知症の人は「判断力を失って、何もわからない人、何もできない人」として、生命や財産の権利保障は論じられても、参政権の行使に関しては言及されてこなかった。近年、認知症の当事者が発言するようになり、環境に配慮があれば自己の判断力や実行力はかなり末期まで保てることが明らかになっている。

本稿では、認知症のある人の参政権の保障のあり方や具体的な権利保障とは何かを考察してみたい。

1　認知症概説

◉認知症とは

認知症は「獲得した知的機能が後天的な脳の器質障害によって低下し、日常生活や社会生活が営めなくなっている状態で、それが意識障害のないときにみられる」（小澤勲『認知症とは何か』岩波書店、二〇〇五年）と定義され、若年期（一八〜三九歳）、壮年（四〇〜六四歳）、老年（六五歳以上）認知症に年齢区分されている。

症状は中核症状と周辺症状（心理、行動症状）に区別され、中核症状は認知症に罹患すれば避けられない症状であり、記憶力の低下（特に記銘力）、判断力の低下、見当識障害などがあげられる。周辺症状は中核症状がある人に、不適切な環境、心理不安などが加わり起こる症状である。ケアをする場合の配慮として、馴染みの環境（地域、建物、人）、心理的な安心、安定、人権尊重・尊厳のある対応が求められる。

◉認知症ケアの歴史

前近代社会での高齢者は、親を大切にするという「祖霊信仰」、儒教の「忠孝道徳」のもとで、家族や地域で保護され、高齢者の存在そのものに文化的意義が認められていた。幕末から明治にかけて西洋医学が導入され、いまでいう認知症の症状を「病気」として捉えるようになった。明治初期には「てん狂院」が設置され、やがて精神病院に収容隔離するようになり、二〇〇五年現在で約五万人が入院している（二

〇〇九年一〇月、厚生労働省社会・援護局傷害福祉部精神・障害保健課資料）。

一九六三年の老人福祉法制定後、養護老人ホーム、特別養護老人ホーム、軽費老人ホームなど老人福祉施設が体系化された。一九七二年に発表された有吉佐和子の『恍惚の人』によって認知症に対する社会の関心が高まったが、この時代はケアなき時代であり、認知症の問題行動に対してカギをかけたり拘束するなどの「行動制限」的介護が横行した。

国は一九八二年の老人保健法制定以降「痴ほう対策」を打ち出し、一九九〇年にはゴールドプランを策定して消費税導入の理由とした。二〇〇〇年に介護保険法を施行し、今日に至る。同年には成年後見制度が創設されたが、被後見人は選挙資格を剥奪された。公職選挙法が認知症の特性を理解した制度になっているのか、検証が必要である。障害をもつ人の特性を配慮した権利保障がなされていないのは、国連の「障害をもつ人の権利条約」を批准していないことからも推測できるのではないだろうか。

⦿認知症の疫学

日本の平均寿命は二〇〇八年現在で、男性七九・二九歳、女性八六・〇五歳である。超高齢社会の認知症の出現率は年齢とともに増加し、八五歳以上の二七・三％が認知症である（『五訂 介護支援専門員基本テキスト第三巻　高齢者保健医療・福祉の基礎知識』長寿社会開発センター、二〇〇九年）。

認知症をタイプ別にみると、「アルツハイマー型認知症」五〇％、「脳血管性認知症」二〇％、その他三〇％で、現在一八〇万人といわれている。二〇二〇年には二五〇万人になると予測されている（『新・介護福祉士養成講座12　認知症の理解』中央法規、二〇〇九年、五七頁）。

⊙認知症の治療、診断技術の進展

認知症の診断は専門医が行い、記憶力や判断力のテスト、記銘力、見当識等に関するスケールに基づいた質問、補助診断としてＣＴ（コンピューター　トモグラフィ〔断層撮影〕）、ＭＲＩ（核磁気共鳴画像法）、ＰＥＴ（ポジトロン断層法〔陽電子放射〕）、脳血流シンチグラフィーなどで脳の状態を画像診断する場合がある。しかし、初期段階ではＣＴ、ＭＲＩには現れないことが多い。

初期に診断された人には、認知症の進行を一、二年遅らせる塩酸ドネペジルや対症療法として睡眠薬、安定剤などが使われるが、根本的治療薬はないといわれている。現在、新薬の開発が進んでいるとマスコミは報道している。介護現場ではケアの環境や心理状態が認知症の進行に大きく影響すると考えられており、環境整備や認知症をもって生活している人の人権に配慮した介護が重視されてきている。

2　認知症の人の真の権利保障とは

⊙認知症の人の投票行為の特徴

認知症の人や障害をもつ人が法的に保護される制度である成年後見制度についてはフィールドⅠの4、施設での不在者投票についてはフィールドⅠの6を参照していただくこととして、本節では投票行為を中心に、認知症のある人の権利保障を考える。

認知症の中核症状には、記憶障害があり新しい記憶（記銘力）が失われ、古い記憶は残りやすい、という特徴がある。施設の不在者投票行動の際に、政党名を三〇年前の記憶で答えると、政党名が変わっていない政党と変わった政党ではここに大きな差が出てくるという担当者の説明もあった。ある施設職員の話では、認知症の場合、その人の生活歴、価値観やこだわりも投票行為に大きく影響するという。つまり、自らが選挙活動をしていた、関係者に候補者がいた等の場合は認知障害度のいかんにかかわらず投票行為への意欲が高いことが多いという。中核症状として判断力障害、見当識障害などもあるが、「まだら痴ほう」（知能を構成する精神機能の一部だけが低下・異常をきたし、人格水準は比較的維持されている認知症の状態）では本人の判断力、意欲、実行機能などが日々大きく変化するので、一度だけの不在者投票の確認でよいのかということを考えると、丁寧な関わりが要求される。

⦿認知症高齢者の投票行為への配慮とは

周辺症状は、介護者が認知症をもつ人の言葉を否定したり、叱ったり、軽蔑したり、放置して世話をしないことなどから出てくる症状で、心理症状では不安感、抑うつ、強迫症状、睡眠障害などを起こす。行動症状では、徘徊、帰宅行動、暴力、大声、収集癖、異食などがある。また、周囲の人が早口で甲高い声で急がせると行動停止を起こすこともある。また、なじみのない不適切な環境では当事者の能力が十分発揮できないので、住み慣れた環境のもとで投票することが重要である。施設の投票場所の設置や、投票行為に関わる人が馴染みの人でゆったりと関わると当事者の判断力は維持できる場合が多いので、家族、友人、施設の担当職員が権利行使に関わることを保障しなければならない。

⦿公平性の保障とは

指定施設の不在者投票の公平性を真に確保するために、自治体の選挙管理委員会が出張して投票行為を管理すべきではないだろうか。最低限のこととして、立会人は選挙管理委員会の責任で配置すべきではなかろうか。

◉在宅の認知症介護と参政権

少子高齢社会、核家族化が進むなかで、認知症の高齢者は増加する一方で、介護力は大きく低下している。以前に比べ認知症の人を支える支援体制が強化されてきたとはいえ、二四時間三六五日を支えるキメ細かい支援は望むべくもない。家族介護者は孤立状態に追い込まれ、心身の負担を増している。このように、日常介護で精一杯の家族に認知症をもっている人の参政権に配慮する時間的・精神的ゆとりはないのが現実である。

なお、このような社会状況のもとで高齢者や認知症の人の介護をめぐる状況は次第に深刻化している。昼間は同居者が仕事で出かけるため実質的な独居状態におかれたり、高齢者がその家族の高齢者を介護するケース（老・老介護）の場合では十分な介護ができないだけでなく、介護者の体調不良を招き死に至る場合もある。さらに、認知症の人の介護を認知症の人がするケース（認・認介護）もあり、自覚のないまま虐待し、殺害に至るという悲惨な報告もある。

以前は認知症の人は、自分の認知症を自覚できていないと思われていたが、現在は自分に起こっていることを認識できていると考えられている。最近、オーストラリアのクリスティーンさんが当事者として世界各地で講演している。その内容は、認知症の初期の自分の病気からくる不安であったり、症状が起こる原因と、そのとき周囲の人にどのように理解してほしいかなど、配慮や介護への要望についても明確にしている。日本でも当事者が発言する機会が増えている。認知症の人はある日突然発症するのではなく、徐々に進行していくのである。認知症の発症や進行で、本人は自分が自分でなくなっていくような不安がつきまとい、場合によっては叫び出したくなるような恐怖も感じている。脳に霧がかかったようで、自分が消えてしまう、大切な人がわからない、周囲の動きが速すぎる、自分の失敗が増える、トラブルが多い、馬鹿にされる、叱られるなどの心境で不安と緊張が大きい。しかし、認知症の人は自分なりの頑張りがあり、安心と信頼があればかなりの実行力（投票行為）を発揮できるのである。

⦿まとめ

① 成年後見制度の利用の際は、投票権などを失うことについて説明する。また、利用は慎重にする。公職選挙法を改正し、一律に投票権を奪わない。

② 投票行為援助者は、認知症の人の失敗を叱ったり、責めたりしないで受容する。急かさないでゆっくり待てることも保証する。

③ 指定施設における不在者投票は自治体の選挙管理委員会が責任をもって行う。緊急課題として立会人は選挙管理委員会から配属する。投票記載台の前に立候補者名簿一覧を掲示する。施設によっては、特定の候補者を推薦したり、代理投票では施設や投票管理者の意向で投票されるという噂が絶えない。施設投票所に選挙管理委員が出張し投票行為に立ち会うことで、公平性を確保する。投票の環境は、慣れ親しんだ環境、安らげる環境、なじみのある人間関係などに配慮する。

④ 選挙管理委員会が在宅介護者の自宅で巡回投票を実施する。

⑤ 専門的援助者が立会い、その人のもっている能力を引き出し、安易な代理投票を避けて本人の投票行為を援助する。最後まで自己決定を尊重し、命令しない。

今後、認知症の人、障害をもつ高齢者の参政権行使の実態などを調査し、当事者や関係者のニーズや課題を明らかにしていくことが急務ではなかろうか。

【参考文献】
大阪府選挙管理委員会『不在者投票指定施設における不在者投票の手引き　平成一九年版』二〇〇七年
岡本千秋『介護福祉学』中央法規、二〇〇二年
小澤勲『認知症とは何か』岩波書店、二〇〇五年
長谷川和夫ほか編『認知症の理解』中央法規、二〇〇九年
日比野正巳『痴呆バリアフリー百科』ＴＢＳブリタニカ、二〇〇二年

コラム5
精神に障害のある人の参政権

金沢市障害者施策推進協議会委員　道見藤治

私は研究者ではなく、自ら精神に障害のある者だが、十分に頭を使うことはできる。どの障害にも言えることだが、当事者のあり方は千差万別であるので、一括りに当事者の参政権問題は探り難い。しかし、私の知り得る範囲で、私のカラーでこの問題に言及したい。

精神に障害のある人の特性を正確に把握しておく必要があろう。まずは、マイナス面からのアプローチになるが、精神疾患により長期入院している人で、虚ろな目で希望もなく、漫然と入院生活を送っている人もいくらかいる。そういう人のための投票の保障は、私は不明である。私の実体験では、ある激戦の選挙戦があったとき、病院の理事長が推す候補者の夫人が投票を訴えに来て、入院患者と職員のほとんどがホールに集められ、その夫人の投票依頼を聞かされた。入院患者にとって理事長は絶対的に信頼されている存在である。候補者や関係者が投票のお願いに病院内に入ることは慎まなければならないと考える。

二〇一〇年春に私は入院中であったが、たまたま選挙があり、入院患者の投票権も、病院側の配慮で、期日前投票として保障されていた。私のいた病棟は入院後間もない患者のためだったのか、問題はないようだった。またプライバシーも守られている。

統合失調症で退院された人、うつ病、そううつ病などの

精神疾患がある人にとっては、シンドイ面もあろうが、意識としてはしっかりしているので、投票についての問題はなさそうである。ただ引きこもりの人が投票所へ行って投票することへの抵抗に対しては、私案であるが家族同伴で期日前投票を行うのが緊張感をさほど得ないのでよかろうかと推測する。精神障害に限らないが、郵便投票ができればなおよいであろう。

今後、統合失調症に罹患していても、能力があり、症状が安定している人については、被選挙権および議員活動の保障を考慮していく必要があると考える。なぜなら、そもそも病状が錯乱状態にあるときは患者の本意の意識から出るものではなく、本当のその人の姿ではない。なので、被選挙権の保障を当然考えるべきである。

注目してほしい視点として、精神に障害のある人の考え方の特性として、事の正邪が判断基準となっている場合が多いので、世の中にはびこる弱肉強食の考え方でものごとが決まることへの問題意識の一石を投じることが期待でき、今後、そういった人々の議会への進出を希望するわけである。

6　施設投票の現状と課題
■高齢者を例に

国光哲夫（社団法人石川勤労者医療協会）

1　高齢者施設における不在者投票の現状

医療機関や高齢者施設に入院・入居している有権者が、身体上等の都合で、投開票日当日に、所定の投票所まで行くことができない場合、各施設で投開票日前に実施される不在者投票で、選挙権を行使することができる。この制度は、日本国憲法で「公務員を選定し、及びこれを罷免することは、国民固有の権利である」（第一五条）とうたわれていることの具体化として広く行われている。それは公職選挙法第一条で、この法律の目的として、「日本国憲法の精神に則り」と規定することからも明らかである。具体的にどのような施設で実施されるかについては、公職選挙法第四九条の規定に基づき、各県の選挙管理委員会が指定をすることになっている。

石川県では、「指定病院等における不在者投票事務取扱要領」において、不在者投票を取り扱うことができる施設として、医療機関、障害者支援施設はじめ様々に規定されているが、高齢者施設に関しては「介護保険法八条二五項に規定する介護老人保健施設」「老人福祉法第五条の三に規定する、老人短期入所施設、養護老人ホーム、特別養護老人ホーム、軽費老人ホーム」「老人福祉法第二九条に規定する有料老人ホーム」で、いずれも定員基準がある。一九六三年の国の通知以来、定員基準は長らく〝概ね五〇名以上〟とされていたが、石川県では二〇一〇年五月より〝二〇名以上〟に緩和された。その経過は第三節で述べる。

不在者投票所は、多くの施設ではホールや食堂、会議室などの部屋に設置されるが、その内容は、規模が小さいだけで、基本的に通常の投票所と同じである。不在者投票では、施設長が不在者投票管理者となり、その下に受付係、投票用紙交付係、代理投票補助者などが職員のなかから配置されるとともに、もっぱら立会いを行うことを職務とする立会人が、選挙権を有する者のなかから配置される。この立会人がなく行われた投票は無効とされ、たいていの場合、民生委員や運営法人の評議員などの職員外の第三者から選出されている。

選挙人が記入した投票用紙は、何も書かれていない内封筒に入れて封をして、それをさらに外封筒に入れ、投票者が外封筒の表に自筆署名をしたうえで、施設が用意した投票箱に投入する。これは、法令上は、投票用紙を不在者投票管理者に提出すると理解されている。投票終了後は、外封筒の裏面に「不在者投票管理者（＝施設長）」と立会人が署名し、所定の期日までにまとめて選挙管理委員会まで郵送する。なお、不在者投票にかかる経費は公費で賄われ、石川県の場合、投票者一名につき七二七円が支給されている。

以上が、高齢者施設における不在者投票の概要である。

2　不在者投票の問題点

不在者投票といえども、当然ながら正規の投票であり、参政権の最大限保障と適正・公正な投票の担保がともに求められることはいうまでもない。石川県選挙管理委員会「指定病院等における不在者投票事務取扱要領」では「不在者投票の手続きが、特に厳格に定められているのは（中略）選挙の公正を確保するためには致し方ないことである」と述べており、選挙前に不在者投票所の担当者を集めて開催される不在者投票説明会では、毎回、不正防止という側面が強調されている。

不在者投票には、選挙人（＝入居者）が自ら投票用紙等を請求する方法と、選挙人の「この施設で投票を行いたい」とする文章による意思表示をふまえ、施設長が選挙人に代わって請求する方法とがあるが、多くの場合、後者の方法で不在者投票が行われている。

なお、身体の状態によって、車いすであっても施設内の不在者投票所まで行けない入居者には、不在者投票管理者の管理下で、立会人の立会いのもと、居室のベッドの上で投票することもできる。施設入居者の重度化の進む現在、この方法が例外的なものでなく、より一般化した不在者投票の方法にすることもまた、検討すべき課題といえる。

さらに、投票したいという意思表示が明確にできる場合にはよいが、「投票したい」という自らの意思をうまく表示できない場合の対応が課題となる。

不在者投票所の指定に関して、老人福祉法第五条の三には前述の施設と並んで、「老人デイサービスセンター、老人福祉センター、老人介護支援センター」も定められているが、これらの「施設」では不在者投票はできない。これらは「通い」のサービスで、実体として入居施設ではなく、対象外となっている。また不在者投票制度とは別に、郵便での投票という方法もありうるが、現行制度では、要介護度四以下の人は認められていない。

3　地域密着型施設での施設投票の問題点

二〇〇六年の介護保険法改定で、小規模多機能型居宅介護や定員二九名以下の小規模な特養ホーム等が新たに地域密着型サービスとして創設され、従来あった認知症専用の通所介護やグループホームも地域密着型サービスに組み込まれた。これらの地域密着型サービスの指定権限や指導監督は、県から市町村に移行された。

現行制度で地域密着型施設で不在者投票所の指定を受けられるのは、定員二九名以下の地域密着型特別養護老人ホーム、定員二九名以下の地域密着型特定施設である。

地域密着型施設であるなしにかかわらず、高齢者施設の不在者投票に共通する問題は多いが、地域密着型施設固有の問題として、以下の諸点があげられる。

(1)　地域密着型施設では、施設自体が小規模であり、当然職員数も少ないので、不在者投票実施に伴う人員の確保がしにくい。石川県選挙管理委員会も「小さな施設では、職員数も少なく、適正な選挙事務が担保できない」としきりに強調していた。しかし、現実には、地域密着型施設に様々な他のサービスが併設されていることも少なくなく、同一住所で一体的に管理運営されている併設事業所の職員からの応援を求めることはできるし、また同一法人の他施設の職員も、不在者投票の事務に従事することは認められているので、地域密着サービスであるがために、適正に実施ができないことはないであろう。

（2）グループホームは、不在者投票の指定対象施設にはなっていない。筆者は二〇〇九年一一月より、三ユニット定員二七名のグループホームの施設長をしており、石川県で「定員二〇名以下」に基準が緩和されたことを受け、石川県選挙管理委員会に電話で、グループホームも対象になるのかを問い合わせた。選挙管理委員会の回答は「グループホームは取扱要領で定める『老人福祉法五条の三に規定する老人ホーム』に該当しないので、指定対象ではない」というものであった。たしかに制度上は、グループホームは「施設」ではなく「在宅サービス」に分類されているが、実態としては入居施設であり、グループホームでの不在者投票ができないことは大きな課題である。ここであえて一言しておきたいのは「認知症だから不在者投票など無理」と頭から決めつけないでほしいということである。

4　特養なんぶやすらぎホームでの不在者投票所指定をめぐる取り組み

◉指定されなかった理由

なんぶやすらぎホームは、二〇〇八年一〇月にオープンした、定員四〇名の特別養護老人ホームである。従来、郊外地域に大規模なものが建設されることが一般的であった特養ホームだが、「特養ホームに入ることになっても、今まで生活してきた地域で引き続き暮らせるように、規模は小さくとも、まちなかに特養ホームをつくろう」との住民の声が集まり、七年間の運動が実って、金沢市弥生三丁目の住宅街にようやく実現したものである。

私はこの特養ホームの開設時の施設長だったが、約三週間をかけて四〇名の新規入居者を迎えた。今でも忘れられない言葉がある。ホームの居室に初めてご案内したとき、付き添って来られたご家族が部屋の窓からの風景をみて「ああ、この風景は自宅から見える風景と同じだ」と言われた。ホーム入居者の約六割は、自宅がホームから半径二キロ以内にある。

このようなまちなかの小規模なホームだが、制度上は、定員二九名以下は「地域密着型特養」、定員三〇名以上は「広域型特養」と分類される。「地域密着」かどうかは、その施設の定員の数ではなく、ケアの中身や開設後の地域とのつながりの深さで判断してほしいものである。

さて、そのなんぶやすらぎホームの入居者にとって、二〇〇九年八月の衆議院議員選挙が初めての選挙となった。石川県選挙管理委員会に不在者投票所の指定申請書を提出したところ、「石川県では、定員五〇名以下の施設は、不在者投票所の指定をしていない」と断られた。理由は「ある程度の規模がないと厳正な投票事務が保障できないから」とのことであった。

幸いなことに、車で四～五分の距離にある保健所が期日前投票所に指定されていたので、投票の希望者は期日前投票をすることにした。さすがに一人で期日前投票所に行って帰って来ることのできる人はいないので、私が施設にある車いす対応の軽自動車を運転し、一人ずつ保健所まで案内し、合計一四名が投票した。

二〇〇九年の衆議院選挙は国民の関心がきわめて高く、どの期日前投票所も順番待ちの人であふれ、騒然とした雰囲気だった。期日前投票所に案内した軽度の認知症の人で、いつも生活しているホーム内の落ち着いた環境なら正常な判断・意思表示はできるのに、あの不特定多数の人でごった返す期日前投票所ではパニック状態になり、受付で自分の生年月日を言えなかったため投票用紙をもらえず、投票できないままホームに帰らざるをえなかった人もあった。

誤解のないように言うと、私は、なんでも施設内で行うことをベストと思っているわけではない。期日前投票をしに街にでかけるということもまた、ケア上、とても大切なことである。それもまた貴重な社会参加の一つであろう。事実、今回私が期日前投票所へ車で案内した人のなかに、普段のホームの生活では着ないような、いわゆる一張羅の洋服に着替えて出かけて行った人もいた。その人にとっては、投票日は「ハレの日」であったに違いない。

同時に、期日前投票に行きたくても行けない人も多数存在する。そのことをぜひ理解してほしいと願うものである。

⦿県選挙管理委員会への申し入れ

このようなことがあったために、選挙後の二〇〇九年九月一四日に、私と運営法人の専務と二人で県の選挙管理委員会に出向き、「五〇名以上とする指定基準」の緩和・弾力的運用を求め、以下の申し入れを行った。

① 総務省も、二〇〇七年一月に「統一地方選挙の管理執行について」との通知を出し、不在者投票施設の指定基準について「概ね五〇人以上の人員を収容できる施設としているが、都道府県の判断で指定できる」と示し、都道府県選管で弾力運用できる旨を指示している。多くの他の都道府県では、定員五〇名以下でも不在者投票を認めている。

② 特別養護老人ホームは、たしかに定員五〇名が「標準定員」であったが、三年前より定員二九名以下の「地域密着型介護老人福祉施設」が制度化され、事実上、今後は定員二九名以下の小規模な特別養護老人ホームのみの整備となっている。したがって、定員五〇名以下の施設を指定しないならば、今後、県内各地に整備される新し

い特別養護老人ホームは、すべからく不在者投票所の指定を受けられないことになる。

③　厳正な投票事務の保障という点では、特養ホームである限り、定員は少なくても、施設長、相談員、事務員は必ず配置されており、実務的に困難なことはない。

この申し入れに対し、県選挙管理委員会側からは、①小規模施設では、厳正な投票事務が保障できない、②四〇人で区切れば三九人の施設から、三〇人で区切れば二九人の施設から不満が出て、どこで区切っても不満は出る、③ぜひ、期日前投票を利用してほしい、と、ひたすら「現状維持」のための説明に終始したが、「次回、開催される選挙管理委員会で、ご要望のあった旨は報告し検討させていただく」との返事であった。このやりとりを地元のマスコミも注目してくれ、翌日の新聞に大きく報道された。

県庁から戻り、ホームで不在者投票ができないことを、ある入居者の家族に説明した際、「次の選挙からは何とか不在者投票ができるように、みんなで声を上げてゆきましょう」とお話すると、「それまで、お父さんの命があるといいですけどね…」と話され、ずいぶんとつらい思いをしたものである。

その後一〇月一五日に、選挙管理委員会が開催され、約束どおり私たちの申し入れの内容が報告され、選挙管理委員会として正式に協議された。その審議結果を選挙管理委員会の職員が、わざわざ電話で知らせてくれたのだが、その内容は以下のものであった。

①　定員五〇人以上の施設で、現に不在者投票所の指定を受けている特養ホームは、県内の特養ホーム総定員の九一．八％となっており、仮に現在未指定の（定員五〇人以上の）施設が指定を受けると九六％となる。このようにすでに十分に指定されており、ことさら定員四〇名の施設を指定する積極的な理由はない。
②　期日前投票所も近いので、そちらを利用すればよい。
③　以上により貴施設からの要望は、今回は見送ることになった。

制度を変えるという壁の厚さを実感した。同時に、「『ことさら指定しなくてもいい』と四%の側に振り分けられた者にも投票したい気持ちに変わりはないのだ」と、この運動を継続していくことをひそかに決意した。

⊙立ち上がったホーム入居者たち

翌年二〇一〇年五月一四日に、私の後任の施設長は、三名の車いすのホーム入居者とともに、県選挙管理委員会に出向き、改めて不在者投票の指定基準の緩和を求めた。車いすの特養ホーム入居者たちが県庁に出向いて要望する姿は、地元マスコミ各社も大きく写真入りで取り上げてくれた。

「私は投票できるようになってから、一度も投票に行かなかったことはない。特養ホームに入って期日前投票所に行ったが、場所も狭く投票しづらかった。いつも生活している場所で、静かにゆったりと投票できるようになるといい」「女性が初めて投票できるようになった、戦後最初の選挙に行ってきた。車いすになってからも一度も棄権したことはない」との言葉は、一人ひとりの人生の歴史の重みを感じさせるものであった。

これに対し、県選挙管理委員会は、「厳正な投票事務のため規模要件が必要」との説明を繰り返したものの、「他の県の実施状況も調査中。来週、選挙管理委員会が開催されるので、今日の皆さんのご要望内容は伝えます」との回答だった。

前年の経験から、あまり大きな期待はしないまま、翌週を迎えた。ところが、五月一九日に開催された県選挙管理委員会で、不在者投票の指定基準を、今までの「五〇名以上」から「二〇名以上」に引き下げることが正式決定されたのである。選挙管理委員長の「参政権は基本的人権の一つ。希望に沿える体制を作らないといけない」とのコメントを心の底から嬉しく聞いた。

今回の県選挙管理委員会の決定を受け、なんぶやすらぎホームも含めて県内一〇の施設、病院から不在者投票の指定申請が出された。私たちのささやかな取り組みが、他の施設で暮らす、少なくない高齢者の参政権保障の一助にもなれたのである。

もちろん、定員二〇名以下の施設の問題は未解決で、引き続き課題として残っている。また、全国的には、各都道府県の不在者投票所の指定に際しての定員基準は、二〇一〇年五月現在で、「五〇名以上」が三五県、「四〇名以上」が滋賀、京都、大阪、愛媛の二県二府、「三〇名以上」が北海道、「指定基準なし」は山形、群馬、長崎の三県、東京、神奈川、兵庫は種別ごとで設定という状況である（毎日新聞二〇一〇年七月七日）。

⦿今回の取り組みの教訓

今回の貴重な取り組みを通じて、私自身以下のことを学んだ。

第一は、あきらめないで粘り続けることの大切さである。当初は指定を受けることができないのはやむをえないのかなと思っていたが、基本的人権の保障は、たとえ一人であっても必ず実現されなくてはならない。正しいことは必ず共感を呼び実現するのだということである。

第二は、当事者自身の声と行動を大切にするということ。私自身がそうであったように、施設職員中心の運動、職員が入居者の声を「代弁する」発想であった。しかし、当事者である入居者自身の声と運動こそが、今回の取り組みの大きな原動力となったのである。

第三は、マスコミの力をいい意味で「活用する」こと。私たちは自分たちの声を数千人、数万人に一気に伝えるツールをもっていない。今回の取り組みでは、マスコミ各社が私たちの取り組みを一貫して好意的に扱い報道してくれた。このことは選挙管理委員会内での議論にも少なからず影響を与えたと思う。

「たとえ寝たきりでも、ベッドの上からでも、社会とつながっていたい、一票を投じたい」。そんな普通の願いに応えてくれる社会であってほしいと願う。投票所などの建物の物理的バリアフリーはずいぶんと進んだが、制度のバリアはまだまだ高いことを、今回の取り組みを通じて実感した。

ケアの中身については、「人間の尊厳の保持」「人権の尊重」「個別ケア」などが強調されて久しいが、「施設入居者の参政権保障」という点でも、日本国憲法の「人間の尊厳の保持」「人権の尊重」を貫いてほしいと願っている。

施設の規模ではなく、その人の状況に応じて投票できる、それこそが「制度の個別ケア」であろう。

コラム6

「不在者＝施設投票」無効訴訟

NHK岐阜　記者　木本辰也

投票したくても、自分で投票所に行くことができない高齢者や障害をもつ人たちが数多くいるなかで、行政は選挙管理の要員がいないとの理由だけで、「不在者投票」をそれぞれの施設に丸投げしていいのだろうか。その一方で、公正さを求めるあまり、小規模施設の「不在者投票」や障害をもつ人たちへの「郵便投票」を認めない。こうした問題性に気づかされたのは、富山県の民間放送局に勤務していた時に、人口三万人に満たない小さな町で発覚した、目立たないニュースからでした。

重い認知症を患うお年寄りが多くを占める「特別養護老人ホーム」で、投票率が一〇〇％。誰もが「おかしい」と感じるこの事実が、八票差で町長選挙に落選した候補の異議申し立てによって明らかになりました。県選管は一〇〇人余りの入所者への調査を実施したうえで、「少なくとも一八人は、重度の認知症のため、自分の意思で投票用紙を請求したり、代理投票で候補者名を指示したりしたとは認められない」として「選挙無効」の裁決を下しましたが、当選した町長が「有効」を主張して地裁に提訴。老人ホームの嘱託医や職員たちは「私たちは入所者の心を誰よりも理解し、ちょっとした動作やうめき声で気持ちがわかる」などと訴えました。裁判所ではこうした主張は全面的に退けられ、結局、再選挙が行われることになりました。

取材を通して、民主主義への理解や人権への配慮の浅さがこうした問題の根っこにつながっていることを実感させられました。そして、この老人ホームの「灰色ぶり」がより明らかになってきましたが、番組では制度上の問題に焦点を絞ることにしました。

病院や高齢者施設の入所者のために、各施設で行われる「不在者投票」は、施設の職員だけで投票を管理する、いわば「密室」での投票であり、職員はあくまでも不正を行わないという「性善説」に立った制度です。もちろん、すべてで不正が行われていると言うつもりはありません。取材を通して、一部の老人ホームなどでは投票意思の確認や、実際の投票の際、自主的に家族や第三者を立ち会わせるなど、公正さや透明性を確保するため、苦悩しながら試行錯誤を繰り返していることがわかりました。意思確認の方法が明示されていないためです。

これまでにも全国各地の老人ホームや施設で、入所者の意思ではない不正な投票行為が摘発されてきました。なぜ、こうした「参政権の侵害」ともいうべき状況を放置し続けるのか。その一方で、筋萎縮性側索硬化症（ＡＬＳ）の患者さんたちが、選挙する意思や候補者を判断する能力が明確であっても、自分で候補者名を書くことができないなどの理由だけで、「郵便投票」を認めない。

たしかに不正は許してはなりません。しかし、同時に認知症や重症患者だから投票できないと簡単に決めつけて、選挙権を剝奪してはならないでしょう。本人の投票意思をどのように確認するか。どのように自己決定を尊重するか。徹底してその努力が尽くされなければなりません。その意味では、普段、日常的に付き合っている職員のほうが家族以上に意思確認も可能だともいえるのです。まさに、この問題は、日本の民主主義と参政権すなわち人権保障の根底から問題提起をしていると思います。

Field Ⅱ

障害をもつ人々の参政権：現状と課題【障害種別をこえて】

フィールドⅡの「障害をもつ人々の参政権：現状と課題(2)【障害種別をこえて】」というテーマは歴史的課題といえよう。これらの人々の社会参加・参政権については、フィールドⅠの各章で触れられているように、盲・ろう関係の団体は戦前からの活動があり、社会的に評価されているが、障害別をこえての活動は、日本国憲法の「基本的人権」の思想のもとで広く芽生えてきたといえよう。

1の古川氏の論文は、点字広報の印刷会社の仕事の経験を通して、人類が切り開いた情報通信技術を障害をもつ人々の参政権保障にどう活かすかについて具体的に書かれた、日本での数少ない論文といえる。今後、この分野の発展が期待されるが、現実にこれらの技術を活かすうえでの配慮についての討議が必要だろう。

2は、障害種別をこえて全国的レベルでこの問題に取り組んでこられた「障害をもつ人々の参政権保障連絡会」の運動と今後の課題について、芝崎氏・吉本氏が展開されている。同会は玉野裁判をきっかけに結成され、総務省などへの要請活動のほかに、公職選挙法のことについてわかりやすいパンフレットを作成、刊行している。後見人制度や裁判員制度についても、具体的提言とともに、司法や行政との交渉などその活動が詳しく述べられている。

3では、障害のある子どもの父であり弁護士の浅野氏が、三〇年あまり関わってきた障害をもつ人々の運動の歴史的分析を通して、障害種別をこえての運動の発展、さらに当事者の声を無視しての運動や政策づくりはできないことを明らかにしている。しかし、インテグレーション・インクルージョン（社会的統合・包摂）などと声高にいわれても、障害をもつ人々の参加した社会活動（たとえば町内会活動すら）はまだ少ない。参政権保障とあわせてこれからの課題といえよう。

本書のもとになった「障害をもつ人々の参政権研究会」の活動のなかでも、民主主義や人権を標榜する団体や人々でさえ、その理念と実際の行動や言動とのあいだに大きなギャップがあることを経験した。障害のある人々を排除しない社会とはどんな社会か、そんな社会をつくるためには何が必要か、私たち一人ひとりは何ができるか、フィールドⅡから学びとってほしい。

（藤本記）

1　情報通信技術発展の成果をどう活かすか

古川　崇（アストラルエス株式会社）

⦿はじめに

　パソコンやインターネットをはじめとするＩＴ（情報技術）あるいはＩＣＴ（情報通信技術）の発展は目覚しく、生活の利便性や効率化を高めるだけでなく、新しいコミュニティや娯楽をも生みだしている。しかしながら、民間企業の効率的営利追求の主戦場とはなりにくい障害をもつ人を対象にした分野への利活用、とりわけ障害をもつ人々の参政権拡大への寄与という面においては、有効に役立てられているとはいえない。とはいえ、個別の現場では地道な研究や先駆的な試みがなされ、「障害者自立支援法」（二〇〇四年）や二〇〇九年の政権交代といった情勢の変化も追い風となって、この分野の可能性を一気に押し広げようとしている。

　本稿では、ＩＴを用いて障害をもつ人々の参政権を拡大しようとする取り組みの現状、試行、挑戦の一端を個別具体的に紹介する。法律上の規制や区分から、ＩＴ活用の場面を①日常生活における政治関係情報の入手や集会・会議への参加、②選挙期間中の情報入手や選挙運動・演説会などへの参加から投開票、③障害をもつ人の政治家（議員や首長など）としての活動の三つに区分することが、今後のＩＣＴの利活用の発展を考えるうえで重要であり、常にこれらの場面区分けを念頭において考え実現していく必要がある。

1　障害をもつ人々に対する情報通信技術環境と問題点──省令・法制の動き

◉障害者ITサポートセンター

二〇〇四年以降、厚生労働省の「障害者自立支援・社会参加総合推進事業」の一環として、「障害者IT総合推進事業」（都道府県事業）が取り組まれるようになり、様々な事業が展開されている。このうち地方自治体単位でのIT関連施策の総合サービス拠点となる障害者サポートセンターの運営は、二〇〇八年四月一日時点で二六都道府県・市の三六か所で実施（『二〇〇九年版　障害者白書』一五二頁）されており、パソコンの有効活用を中心としたICT普及をサポートしている。さらなる展開の広がりとあわせて、これら諸施設・諸事業の存在や活用を促すいっそうの広報活動が望まれる。

◉JISおよび情報アクセシビリティの国際標準化

アクセシビリティ（accessibility）とは、障害をもつ人や高齢者を含むすべての人が、多様な製品や施設やサービスなどを支障なく利用できるかどうか、あるいはその度合いをいう。このうち情報アクセシビリティに関してJIS　X8341シリーズ「高齢者・障害者等配慮設計指針─情報通信における機器、ソフトウェア及びサービス」の五分野、「共通指針」「情報処理装置」「ウェッブコンテンツ」「電気通信機器」「事務機器」がJIS（日本工業規格）として制定された。これと並行して国際的な情報アクセシビリティのガイドラインの標準化が図られ、同じJIS　X8341シリーズ中の「電気通信機器」が二〇〇七年ITU-T（国際電子通信連合の電気通信標準化部門）の勧告として承認され、二〇〇八年には同シリーズの「共通指針」「情報処理装置」「事務機器」がＩＳＯ（国際標準化機構）において国際規格として制定されている（『二〇〇九年版 障害者白書』一五三頁）。

また、バリアフリーなデジタル録音図書の国際規格デイジー（Daisy）と二〇一〇年に急激に普及し始めた電子書籍の国際規格イーパブ（EPUB）の合流の動きが加速している。デイジーの普及・啓発に取り組む日本デイジーコンソーシアム主催の二〇一〇年七月九日の講演会で、同コンソーシアム会長の河村宏さんは、デイジー規格とイーパブ規格双方で合成音声によるテキストの読み上げや手話対応などを実現できるよう改定作業を進めていることを明言した（毎日ｊｐ〔毎日新聞のニュース・情報サイト〕二〇一〇年七月一三日）。この実現によりあらゆる電子書籍のバリアフリー化の技術的な環境が整うことになる。

◉ネット選挙解禁？ 公職選挙法の問題

現在の公職選挙法は一九五〇年に制定されたもので、その対象は、衆議院議員、参議院議員、地方公共団体の議会議員、地方公共団体の首長らの選挙である。事前段階から選挙期間中に至るまで宣伝広報活動等に多くの制限が規定されているため「べからず法」とも揶揄され、広く市民はもちろん、とりわけ障害をもつ人の参政権保障上の大きな障壁となっている面は否めない。

さらに、現行法ではインターネット上の情報は「文書図画」扱いで、事実上選挙期間中のホームページやブログの更新は違法とされている。低予算でより自由な宣伝広報活動を望む声は根強く、ＩＣＴ環境の整備普及に伴い、インターネットを活用した選挙運動解禁の法律改正を望む機運が盛り上がっている。二〇〇六年以降、民主党や自民党から「インターネットを利用した選挙運動の解禁を求める法案」がいくつか提出されているが、まだまだ情報バリアフリー推進の視点が乏しいものであった。今後の進展、実現に期待したい。

2　情報通信技術の成果

◉点字・音声データの現状と可能性

（1）行政の点字版・音声版広報の現状―京都市の例から

全国の自治体のなかで、その多くは都市部中心ではあるが、視覚障害をもつ人向けに一般広報紙（誌）の点字版を配布している。しかし、視覚障害をもつ人の点字の普及率は一割程度で、これを補うものとして広報紙（誌）を読み上げ録音して配布する音声版（カセットテープ）が定着している。ところが近年、安価で手軽な音声メディアとして長年愛用されたカセットテープやこれを聴くためのラジカセの生産終了が相次ぎ、これに代わるものとしてデイジー（DAISY：Digital Accessible Information System）版CD-ROM（デジタル録音図書の世界規格）が普及活用されつつある。デイジー版CD-ROMは専用再生機やパソコンにソフトウェアをインストールすることで利用でき、機能も利便性も高いが、専用再生機が安価なものでも一台数万円と高価なことから、従来のカセットテープ利用からの移行・普及スピードの鈍さが指摘されている。

行政の具体的事例として京都市をみてみよう。京都市は人口約一四六万人・約六二万世帯で、広報紙「市民しんぶん全市版」発行にあたり、通常版のほかに毎号下記のようなバリエーションを用意している。

・文字拡大版＝四二四部発行送付　　・点字版＝二五六部発行送付
・音声テープ版＝二九五部送付　　・音声データデイジー版CD-ROM　一〇二部送付

・ホームページ版掲載＝京都市情報館　http://www.city.kyoto.lg.jp/
・ホームページ音声読上げサービス版掲載＝京都市情報館　http://www.city.kyoto.lg.jp/

視覚障害をもつ人を九三五〇人と把握しており、このうち、京都府視覚障害者協会の点字利用者会員など日常的に点字を利用している人は約九〇〇人で約一割にとどまっている（保健福祉局・井内学さんの話）。この現実からも、点字以外の多様な方法を介した広報が必要とされていることが明らかで、各種の取り組みが試みられている。

（2）選挙公報の点字版・音声版

京都市選挙管理委員会では、原則的に「市民しんぶん」に準ずる部数の選挙公報点字版、テープ版（デイジー版CD-ROM）を視覚障害をもつ人に送付している。これらの施策は先駆的とまではいえなくも、現行法（点字版・音声版の法律的根拠は存在せず、したがって現状は正式な「選挙公報」ではなく便宜上「選挙のお知らせ」等と呼称されている）内での柔軟な取り組みといえる。

しかし、財政難にあえぐ多くの地方自治体の現状とも相まって、このような選挙情報バリアフリーの取り組みは全国の地方自治体で一様ではなく、取り組んでいない自治体も多い。取り組んでいる自治体でも点訳やその製本、音訳、その編集複製などをボランティア団体等に委託する場合も多く、頒布版の正確度や頒布スピードの面で不安定なため、利活用や普及の障壁になっているのが実情である。法律の整備や財政的な保障が急務といえる（二〇一〇年七月の参議院選挙を目前に控えた六月二九日の閣議において「障害者制度改革の推進のための基本的な方向について」が決定され、この件について一つの進展をみせている）。

（3）政党広報の点字版・音声版への取り組み

政党の広報宣伝における情報バリアフリー、障害をもつ人の参政権保障への取り組みは立ち遅れている（二〇一〇年六月現在）。

自民党は年に六回機関紙点字版を発行し、公明党は機関紙の拡大版や点字版を発行するとともに、近年から選挙時にはマニフェスト要約版の点字版・音声版の配布を始めている。

共産党は機関紙の点字版を月一回、音声版「声の日曜版」を週一回発行し、党の綱領など主要論文の点字版なども発行している。

社民党は旧社会党時代に機関紙の点字版を発行していたが、現在は発行していない。二〇〇九年八月の総選挙に「マニフェスト（ダイジェスト版）」を音訳し、ホームページ上からのダウンロードによる配布を始め、音声ＣＤも初めて作成し、各都道府県連合と候補者選挙対策本部に送付するとともに希望者に配布した。

民主党は、二〇〇三年頃までの一時期、広報誌「Dear」の点字版を五〇〇〜一千部発行していたが、その後機関紙に統合される形で「Dear」が廃刊。機関紙の点字版などは現在発行されていない。二〇〇三年の総選挙以降は選挙のたびにマニフェストダイジェスト版の点字版と音声版（カセットテープ）配布に取り組んでいる。

地方においては民主党京都府議会議員団は、二〇一〇年七月、おそらく全国初の会派広報誌の点字版・音声版（デイジー版）・テキスト版（パソコン読み上げソフトなどで利活用できる）の配布を開始し、これらをホームページ上からも自由にダウンロードして活用できるようにするなど、総合的な取り組みに踏み出している。この分野の先駆的な事例として、その定着や発展が期待される。

（4）サピエ（視覚障害者情報総合ネットワーク）の政治や選挙への活用

視覚障害をもつ人に様々な情報サービスを行う視覚障害者情報提供施設（点字図書館）などの全国組織である「全国視覚障害者情報提供施設協会」（略称：全視情協）が運営するホームページ・視覚障害者情報ネットワーク「ないーぶネット」。そして日本点字図書館と日本ライトハウス情報文化センターが主体となって、デジタル化された点字図書・録音図書を自由に利用することを可能にしたホームページ「びぶりおネット」。二〇一〇年四月、この二つのサービス、ホームページが統合される形で、視覚障害者情報総合ネットワーク「サピエ」https://www.sapie.or.jp/ が始まった。

全国の各所各団体等で発行されてきた点字・音声図書、その他の総合情報サイトをめざし、多様な規格の図書やサービス、情報の蓄積と検索などが容易になっている。いまだ中身・内容収集の過程にあるが、今後さらに蓄積されていくことが見込まれる。

今後こういった総合サイトに、日常的には行政や政党、政治家の広報物が日々更新蓄積され、選挙の際には政党の政権公約や候補者の政見、政策ビラ、選挙公報などの点字版・音声版が積極的に所収、蓄積されていき、障害をもつ人がいつでも・どこでも、政治や選挙に関わる情報を得られるようになって参政権の行使に大きな役割を果たすことが期待される。

（5）選挙と点字版・音声版広報の今後

現在の公職選挙法では点字版、音声版図書の規定がないため、これらを制作し配布することは摘発の対象となりかねない。しかし、印刷物から情報を得にくい視覚障害をもつ人にとっては、広報物の点訳版や音訳版がないのは投票の判断の検討材料がないのに等しい。これらの規制緩和を前提に、今後に向けた提言を付け加えたい。

各政党や政治家は日常的に広報物の点字版・音声版を発行し、希望者に配布したり、各々のホームページや総合案内サイト　視覚障害者情報総合ネットワーク「サピエ」（https://www.sapie.or.jp/）にも登録アップして、より広範な有権者に訴求する。選挙期間中は少なくとも掲示板用ポスター、法定ビラ、選挙公報などの点字版や音声版を各選挙単位で選挙管理委員会のホームページに一律掲載して、誰でも・いつでも参照できることが望ましい。これだと規格の統一も図りやすく平等性も担保され、有権者・候補者双方にとって都合のよい方法だと考えられる。

⦿聴覚障害をもつ人への対応

聴覚障害をもつ人が抱える、街頭や演説会などの一回性のイキイキとした話の内容が聞きにくい、聞けないハンディは大きい。このようななかで生まれつつある状況改善の試みや可能性を紹介しよう。

（1）要約筆記・字幕・会場映写の活用

政見放送に手話を入れる試みも徐々に進展しつつあるが、ろうあ者で手話を理解できる人は一割程度といわれる。そこで話している内容を舞台袖などで要約して筆記し会場スクリーンに投影するＯＨＰ要約筆記や、筆記せずにパソコン入力でこれをプロジェクター投影するパソコン要約筆記なども普及しつつある。しかし、演説者の話により忠実な内容を字幕化して映し出すような技術の確立が待たれるなか、音声認識システムや字幕付与技術が盛んに研究、試作され、実用化寸前の観もある。

にもかかわらず、演説者の話の要約や字幕を個人演説会場で映し出すことが、現行の公職選挙法では禁じられている。選挙期間中だけの規程だが、スクリーン上映は許されず、現在では手話通訳者の近くに聴覚障害をもつ人の優先席を作って対応しているが、この点でも早急な公職選挙法の改正が待たれる。

（2）集団補聴技術（磁気誘導ループ・ＦＭワイヤレスガイド）の可能性と普及

磁気誘導ループとは、聴覚障害者用の補聴器を補助する放送設備のことで、その技術は数十年前に確立された。諸外国では公共の場を中心に広く設置されているが、日本国内では一般にあまり知られておらず、その活用も進んでいない。

そのしくみはマイクとアンプ、スピーカーといった通常のPA（拡声装置）システムに付随する放送設備で、市販の補聴器のほとんどに付いているT（テレコイルの略）モードにして利用すると、マイクの音が直接補聴器に届く。地方自治体の庁舎会議室やホールにはこの設備を備え付けているところも多いが、補聴器業者はこのT（モード）のことを説明せずに販売することが多く、日本国内での普及は進んでいない。

会場据え置き式や移動（携帯）式のものもある磁気誘導ループは、立会演説会や、場合によっては街頭演説会などでも効果的な活用が期待でき、補聴器を利用する難聴者の情報バリアフリー、参政権の強化におおいに役立つ技術である（同様のシステムには、マイクの発する電波を補聴器で受信するワイヤレス補聴器などがある）。

◉電子図書・インターネット活用の今後

書籍や雑誌、新聞などをパソコンや専用端末、携帯端末の画面上で読む出版物を電子図書といい、二〇一〇年一月にアップル社が発売したｉＰａｄの登場で、一気に広がる気配をみせている。前述のとおり規格の統一は進みつつあり、電子図書はすべてそのまま電子図書リーダーやｉＰａｄなどの拡大表示機能や白黒反転機能、読み上げ機能などを用いて視覚障害のある人にも広く便利に活用できるものになるだろう。これが実現すると、電子図書全般やネット上の豊かなコンテンツを、従来の比較的高価なデイジー専用機器ではなく、ｉＰａｄその他の汎用端末で利活用できる。情報環境は飛躍的に広がり、おおいに期待されるところである。

3　国内外の電子投票の現在

情報通信技術の隆盛に伴い、誤表記をなくし集計の迅速化も図れるなどの利便性が向上した電子投票が、一九九〇年代以降、世界的に急速に広まっている。自書が困難な高齢者や障害をもつ人にも投票が容易になるため、障害をもつ人の選挙参加へのバリアフリー施策としてその普及を望む声も出始めている。

◉日本国内の状況

日本の電子投票は二〇〇二年の電磁記録投票法の施行に始まり、二〇一〇年五月現在、宮城県白石市、福島県大玉村、青森県六戸町、京都府京都市など八つの市町村で条例が制定され、この間延べ二〇回実施されている。このうち宮城県白石市（四回）、岡山県新見市（三回）のように首長選や議会議員選などで複数回電子投票を用いた自治体がある一方、福井県鯖江市、神奈川県海老名市などのように条例を作り実施したものの、一回きりで再び行われていない自治体もある。なかでも岐阜県可児市（市議選・二〇〇三年七月）では機器にトラブルが発生。一度は選挙管理委員会が有効とした選挙結果を名古屋高裁が選挙無効と決した事件（可児市議選電子投票無効事件。名古屋高裁判決二〇〇五年三月九日）は、日本の電子投票推進に暗い影を落とし、後に続く自治体の意欲に水をさしたといえる。

地方選挙においてこのような試みが進むなか、国政選挙にも電子投票を導入しようとする動きが起こり、二〇〇七年六月に自民・公明の当時の与党から議員提案による法案が提出された。しかし、この法案は衆議院は通過したものの、自民党の一部参議院議員「電子投票の拙速な審議に反対する有志一同」の活動により継続審議となり、翌年には審議未了廃案に追い込まれている。

このときの主な慎重意見として、記号式投票（現行法では記名式）の是非、高い導入コスト、比例名簿の表示順などの公平性や機器の信頼性、機器の開発や導入の透明性、不具合発生時の高いリスクなどがあげられた。この廃案以降、再度提出しようとする表立った動きはみられない。

⊙京都の実例─調査・推進の主体は？

二〇〇八年二月の京都市長選挙において上京区と東山区限定で行われた電子投票で京都市選挙管理委員会は有権者の反応を調査している。調査票を郵送後に各戸を訪問する形で行われた調査（棄権者を含む回答者数二七三名）では、電子投票のメリット（複数回答）は「誤字脱字がなくなるので良い」八五％、「候補者を投票用紙に書く手間が省けて良い」八〇％、「からだの不自由な方も簡単に投票できるので良い」七二％。一方、デメリットとしては、「自分の投票する秘密保持について不安がある」二七・七％、「開票結果について信頼性に不安がある」二七％、「電子投票の操作に不安がある」二二・八％。高齢者も含めおおむね好評と伝えられている。

電子投票を障害のある人がどう活用し、どのような利便性を享受したのか、感想はどうかといった調査検証も待たれるところだが、そもそも二〇〇二年から〇八年までの間の延べ一九回、地方選挙において散発的に行われた電子投票は、どのような目的や根拠で、誰の主導によって行われ、誰（どこ）がそれらのデータの集約や総括等をしているのか、今回の取材では判明しなかった。総務省ホームページには実施にあたっての各種資料はふんだんにあるが、電子投票実施後の調査や評価に関する要項等は存在せず、統一調査や評価の集約がなされているようにはみえないし、そのようなデータも公表されていない。

また、日本において現在電子投票の推進を掲げる組織団体は電子投票普及協業組合（東京都新宿区）のみであり、前述の日本の電子投票延べ一九回中一三回をこの組合が受注し、実施企業となっている。

⊙世界の潮流と日本

最後に、世界各国の電子投票の取り組みと日本の現状を比較したい。二〇〇〇年七月の九州・沖縄Ｇ８サミットにおいて議長国の日本（森内閣）は発展途上国のデジタルデバイト（情報格差）解消を支援する国際貢献策のＩＴ憲章を宣言し、日本が世界最初に開発したタッチパネル式電子投票システムの模擬投票を実施し、参加した各国首脳の賞賛をあびた。この時期以降、参加各国は電子投票導入を急速に進め、米国では二〇〇八年の大統領選挙でほぼ全国に普及した。現在では、Ｇ８サミット参加国のなかで日本だけが電子投票を国政選挙に導入していない。ただし、各国の電子投票に対する目的意識もその方法も国情を反映して様々で、電子投票導入がイコール各国の障害をもつ人の参政権保障に寄与しているとするのは早計である。

⊙多様な投票方法を可能にする電子投票

主要先進国をはじめ世界各国で電子投票が急速に普及した原因として、不正防止や識字率の低さや多民族国家での多言語対応などにおける言語バリアの解消、集計作業なども含めぼう大な選挙業務のコスト・時間の削減などがあげられる。これら明確な目的・メリット達成の手段として電子投票が選択され普及してきたといってよい。他方、日本において普及が進まないのは、現行の方法がアナログながらも普及定着し、安定性や迅速性等においてさほど支障のないレベルになっているからかもしれない。電子投票導入を希求する明確な目標意識・メリットを設定しないまま、政府をはじめこれを推進する主体が定まらないことにありそうだ。

筆者は民主主義の根幹に関わる選挙なればこそ、信頼性や安定性において慎重のうえにも慎重であるべきだと考え、莫大な導入・維持コストも含めて、選挙の電子化推進には懐疑的ですらあった。しかし電子投票の技術によって、記号や色、顔写真と名前などがディスプレイ表示によって確認できるような投票が実現している。さらには機能拡張の補助具の使用などで、多様な障害の種類や程度に即した投票が実現することは、今後さらに高齢化が進む日本にとって、また民主主義の発展と深化にも必須のように思える。この分野でのＩＣＴ技術開発や発展普及に、国をあげて取り組み、次世代電子投票システムとでもいうべきものの実用化を、関係各法の整備とあわせて強力に推進すべき時かもしれない。

2　「障害をもつ人の参政権保障連絡会」の運動と今後の課題

芝崎孝夫（「障害をもつ人の参政権保障連絡会」）
吉本哲夫（「障害者の生活と権利を守る全国連絡協議会」「障害をもつ人の参政権保障連絡会」）

◉玉野裁判と「障害をもつ人の参政権保障連絡会」の出発

一九八〇年の玉野裁判（フィールドⅢ2参照）の闘いのなかで、最高裁の段階で東京でも「玉野さんを支援する会」が結成された。しかし、運動が広がるなかで、残念ながら、玉野さんは一九九三年に亡くなり、裁判は打ち切られた。この玉野さんを支援する会に参加していた私たちは、玉野さんの遺志を継ぎ、活動を継続しようと一九九四年に「障害をもつ人の参政権保障連絡会」を結成した。

1　これまでの「連絡会」の活動

障害をもつ人の参政権保障連絡会は、この一六年間、毎月のように例会を行い、以下のような活動を行ってきた。

◉参政権侵害の実態を明らかに

私たちが重視してきたのは、第一に、障害をもつ人の参政権の実態を明らかにすることである。一九九五年には、パンフレット「私たちの参政権」を発行した。朝日新聞の七月一九日の天声人語に、「この小冊子には、いろいろな障害のある人々にとり、日本の選挙の仕組みがいかに不親切で、大切な投票権が行使しにくい状況であるかが具体的に描かれている。……わかりきった不都合を、なぜ、早く直せないのだろう」と紹介され、各地で四千部が普及された。

◉総務省などへの要請行動

第二に、障害をもつ人の参政権保障の問題点の改善を求めて、国会や議員、行政などに対して要請を行ってきた。

一九九七年の国会では、「投票率を向上させるため」として、投票時間の延長や不在者投票の条件の緩和などが審議された。私たちの会は時間の延長などの部分的な改善ではなく、抜本的な改善を求めて国会や自治省に要請を行った。参議院の「選挙制度に関する特別委員会」の委員長からは「要請については検討をしていきたい」との返事があり、日本共産党の橋本敦参議院議員からは「資料がほしい」との連絡があった。

一一月二六日の特別委員会では、橋本議員が「寝たきりの老人や障害をもつ人などの投票できない人の保障をどうするのか」と問いただし、私たち連絡会の要請書を紹介して、「障害をもつ人が保障されるような選挙こそ、老人などすべての国民が参加できる選挙になる」と指摘、①点字の選挙公報の公的な保障、②政見放送での手話、字幕の保障、③ワープロ、ファックスなどの利用による選挙運動の自由化などを検討するように主張し、自治大臣は「提案を重く受け止め、選挙の公正を守りながら検討する」と約束した。

しかし、その後も大きな改善はみられなかった。選挙制度が改善されないのは、各政党や候補者にとって大切なのは、自分たちが当選するかどうかであって、党利党略の立場から選挙制度を考えるため、その内容が左右されてきたことにあるように思われる。自治省も「国会での各党派によって議論されるべき」として積極的な改善をしようとはしてこなかった。

また選挙のやり方を規定している日本の公職選挙法は、世界でも例がないほど、国民の選挙に関する権利を制限している。民主主義を唱える国なら、どこでも当然の選挙における活動形態である「戸別訪問」「文書配布」は日本では厳しく制限されており、「べからず選挙法」などと呼ばれている。

戸別訪問や文書配布の禁止を口実に行われた選挙弾圧裁判では、これらを禁止するのは憲法違反、国際人権B規約（市民的政治的権利）違反であると長年にわたって争われ、これまでにこのような規制は憲法違反であるとの判決が一〇件も全国の地裁、高裁で言い渡されている。しかし、最高裁はこれを退けている。また、国連の規約人権委員会は、二〇〇八年一〇月三〇日、日本政府に対して「公職選挙法の下での……表現の自由と参政権に対して課せられた非合理的な制約につき懸念を有する」と批判している。

このような公職選挙法であるがゆえに、行動選択の幅が狭い障害をもつ人にとって、実質的な参政権が侵害されるという実態がある。

⦿具体的な参政権侵害に対する闘い

第三には、各地で発生する障害をもつ人の参政権への侵害に対する取り組みを行ってきた。これまで以下のような問題に取り組んできた。

（1）　投票所の段差を調査

一九九六年九月の東京の足立区長選挙において、電動車イスで投票に行った肢体障害をもつ女性から、投票所の入り口に段差があり、係員が車イスを持ち上げてやっと入場できたとの連絡があった。足立区の選挙管理委員会に行って投票所の段差について聞いたところ、区内七五の投票所のうち五一か所、六八％の投票所に段差があるとのことだった。私たちは、簡易スロープの設置や入り口への係員の配置などを強く要請した。

一九九八年には、東京都選挙管理委員会に東京の投票所の実態調査を要求し、二〇〇〇年には自治省に全国の投票所の段差調査を要求した。その調査結果は全国五万三四一七の投票所で、入り口に段差があるのが三万三七二一か所（六三％）、そのうちスロープを設置しているところが七三二五か所、人的介助で対応しているところが二万二八〇か所、また二階以上に投票所があるところが一四六八か所、そのうち昇降機があるのが二三五か所、人的介助で対応しているところが一〇一二か所という報告だった。自治省へは「人的介護といっても、係員が室内にいるだけでは、車イスの人などは入り口で呼ぶことができないので帰っているのではないか、実質的には意味がない」との指摘をし、改善を要求した。

その後、総務省（省庁再編により二〇〇一年より総務省）には毎年のように段差解消などの要請を行ってきており、最近は入り口に係員を呼ぶことができる器具を設置するところも出てきている。

（2） 点字投票用紙の渡し間違いで投票が無効に

二〇〇一年七月の参議院選において、視覚障害をもつ兵庫県赤石市の吉田洋さんが投票所の係員が誤って投票用紙を渡したため、投票が無効になるということが起きた。

兵庫県では、参議院選と同時に県知事選も行われ、投票所では参議院選挙区、比例区と県知事の投票が行われ、吉田さんは三つの投票用紙に点字で候補者名を記入し、係員の誘導で一番目の投票箱に投票したところ、係員に投票用紙が間違ったと言われ、投票が無効とされたのだった。

吉田さんは選挙管理委員会の謝罪には納得せず、弁護士会に人権救済を申し立て、宮本岳参議院議員に相談して総務省に行き、山名靖英政務官（当時）に面会した。これには、全国視覚障害者団体協議会や私たちの会も参加し、吉田さんは「このようなことが二度と起きないように、点字の投票用紙に点字で選挙名を記入し、視覚障害をもつ人にもわかるようにして欲しい」等と要求した。山名氏は「ミスは遺憾。今後の課題として徹底を図り、具体的な改善策を検討する」と約束した。

そして総務省は、二〇〇二年五月、全国の選挙管理委員会連合会の事務講習会で、「点字投票用紙に点字で選挙名を記入することができる」と説明し、全国に周知を徹底したいとした。これを受けて、今日では全国の選挙管理委員会で複数の選挙がある場合は、点字の投票用紙に点字で選挙名が記載されるようになった。

（3） 成年後見人制度で投票権が奪われる問題

二〇〇三年一一月の総選挙において、東京の「たましろの郷」（ろう重複生活就労施設）の保護者から「今まで来ていた選挙ハガキが息子や娘たちに届いておらず、今まで選挙に行っていたのになぜ行けないのかと子どもが怒っている」という訴えがあった。調べてみると、成年後見人制度では、被後見人には投票権を与えないと公職選挙法で規定されており、成年後見人制度が導入された際、公職選挙法の第一一条「選挙権、次に掲げる者は選挙権及び被選挙権を有しない」の項で、これまでの「禁治産者」という規定が「成年被後見人」と変えられたのだった。このことによって「成年被後見人」は選挙権が奪われたのであった。成年後見人制度を利用すると自動的に選挙権が奪われ、利用しない人は従来どおりである。

この問題については、この制度を導入する際に日本共産党の木島則夫議員などが選挙権を奪うことに反対し、是正を求めていた。国会審議では、成年後見人制度においては自己決定の尊重がうたわれ、「永久にその者が事理弁識能力を欠くということが前提にはなって」おらず、「本人が意見をいう能力がある、そういう人の参政権を奪ってしまうことは理解できない」と質問がされ、「選挙権は国民の基本的権利であり」再検討するように追及した。しかし、政府は「禁治産者」を「被成年後見人」に変えただけであり、「これらの対象者の方は、事理ヲ弁識スル能力ヲ欠ク常況ニ在ルということでございますので、ご理解をたまわりたい」との回答を繰り返すのみであった。

成年後見人制度は、行政が福祉サービスの利用などで「速やかに後見制度の活用を」と勧めている。しかし、その際に「選挙権がなくなること」については一切説明をしていない。実際に選挙になって初めて、選挙ハガキが届かず、投票権がなくなったことに気づくことになる。私たちの会では、成年後見人制度についての学習会を開き、また総務省への要請で毎回追及している。しかし、担当部署もはっきりせず、どれくらいの人の投票権が奪われているのかも総務省はつかんでおらず、大きな課題になっている。

なお、二〇〇五年日本弁護士連合会が「成年後見人制度に関する改善提言」を行い、そのなかで「選挙権を制限する規定は早急に見直されるべき」と改善を勧告している。

（4） 障害をもつ人が裁判員制度に参加するために

二〇〇九年、裁判員制度が始まった。これは司法参加の問題ではあるが、障害をもつ人も裁判員制度に参加できるように、二〇〇八年五月一四日に最高裁に要請をした。私たちは、障害があることが欠格条項（裁判員の参加する刑事裁判に関する法律第一四条・心身の故障のため裁判員の遂行に著しい故障がある）や辞退事由（同一六条・重い疾病または傷害によって裁判所に出頭することが不可能）にあたるとして、参加が拒否されるのは不当であり、障害をもつ人が裁判員に参加できるかどうかは「裁判所と裁判員制度がバリアフリーになっているかどうかの試金石」であると指摘した。

この要請に対して、最高裁は、「私たちの要請に対しての返答ではない」としながらも、一定の「見解」

を示した。最高裁の「見解」は、「障害がある方が裁判員に選任された場合には出来るだけ配慮する」として、視覚障害のある人には、選任される過程での書類などの点字翻訳、裁判所内の点字ブロック設置、盲導犬の同伴や係員による補助、審理にあたって口頭での説明などの保障を行うこと、聴覚障害のある人には手話通訳や要約筆記は保障すること、肢体障害のある人に対して裁判所のスロープや段差解消、車イス用トイレを設置し、法廷では車イスで移動できるようにするとしている。

しかし、同時に、視覚障害のある人に対して「図面、写真などが必要な事件では、実際に見ることができない人は裁判員をできない場合がある」とし、また裁判資料の点字化の要請に対しては「口頭でのやり取りが基本、裁判資料を読んでいただくことは必要ないので点字翻訳は必要ない」としている。さらに、聴覚障害のある人に対して「証拠物の録音テープが必要な裁判については聞こえない人は裁判員をできない場合がある」とした。

裁判員裁判では、国民にわかりやすい裁判を行うとして映像での説明を重視し、また捜査の可視化の要求のなかで検察・警察では取り調べの一部録音・録画が行われ始めている。したがって、今後の裁判員裁判で映像やテープの利用が多くなると視覚障害をもつ人や聴覚障害をもつ人は締め出される結果になりかねない。

さらに、最高裁が「裁判資料の点字翻訳は必要ない」としている点は、障害をもつ人のコミュニケーション保障のあり方をまったく理解しないものである。たとえ口頭のやり取りのみで裁判資料がなくとも、視覚障害や聴覚障害をもたない人は、法廷で話を聞きながらメモをとることができる。しかし、聴覚障害をもつ人は手話通訳者の手を見つめ続けなければならず、メモをとることは不可能だ。視覚障害をもつ人も「聞くこと」に集中すれば、自分で点字をうつことは不可能である。法廷でのやり取りを、その後の評議などで正確に確認して、事実の認定を行うためには、障害をもつ人は特に資料が必要である。そのことを無視して、「資料は必要ない」と決めつけることはまったく不当といえよう。

また、裁判員の選出に至る過程においても、様々な問題が発生している。二〇〇八年一二月には有権者名簿から抽選で裁判員候補者名簿に記載された全国約二九万人の人に対して通知と調査票が送られた。この人たちのなかには間違いなく障害をもった人も含まれていた。

ところが、この通知には、障害がある人も裁判員になる場合、その保障は配慮するといった記述は一切なく、前記の最高裁「見解」の解説もなく、障害をもつ人に対する配慮がない。さらに、「ご不明な点はお問い合わせを」としているが、連絡先は電話でしか利用できず、聴覚障害をもつ人が利用するファックスやメールでのやり取りができない（その後、ファックスの連絡先が付け加わった）。また、最高裁の「見解」は「手話通訳や要約筆記は保障する」としているが、現在の裁判所の「保障」の水準は、形式的な保障といえよう。

二〇〇九年の最高裁の裁判に参加した聴覚障害をもつ人からの訴えでは、最高裁は手話通訳者を一人のみ同伴させたが、手話通訳者が立って通訳をすることを認めず、なんと手話通訳者は聴覚障害をもつ人が座った座席の前に座って、後ろを向いて手話通訳をさせられたということであった。

以上のように、障害をもつ人に対する司法への参加保障が不十分なのは、何より最高裁が障害のある人の意見を聞かずに、制度設計を行っていることに原因がある。障害をもつ人の意見を聞いて、しっかり改善するように強く要請をしている。

しかし、私たちの何回もの要請に対して、最高裁からは何の返答もない。二〇一〇年三月には、最高裁が裁判員制度開始から一〇か月間の実施状況を発表したが、それによると、裁判員候補者は約一万六千人が呼び出され、そのうち約三六〇〇人が裁判員として選任された。しかし、私たちの調査では、これまで障害をもつ人は裁判員に選ばれていない。二〇一〇年五月に奈良地裁で行われた裁判員裁判で、聴覚障害をもつ人が補充裁判員に選任されたのが唯一の例である。この実態こそ、裁判員制度は障害をもつ人が参加できない制度になっていることを示していよう。

以上のような活動とともに、裁判支援も行ってきた。フィールドⅢで裁判を通じた参政権保障の闘い（2川﨑執筆）に報告されているALS投票権裁判では、日本ALS協会のみなさんと一緒になって、毎回の傍聴に参加し、裁判勝利のための宣伝活動や署名活動に取り組んだ。岐阜の代読裁判についても、二〇〇五年六月二〇日に私たちの会として小池さんの代読を認めるように、代表が中津川市議会議長などに面会し、要望書を提出した。その後も中津川市での宣伝や東京での学習会などを開催し、支援を行っている。

2　今後の課題

玉野裁判の発生から三〇年、障害をもつ人の参政権保障を求める流れは大きなものになっている。

◉障害をもつ人の権利条約

二〇〇六年国連において「障害をもつ人の権利条約」が採択され、日本政府もこれに署名をした。この権利条約は画期的な内容をもち、第二九条は「政治的及び公的活動への参加」として、投票する権利や意思の自由な表明の保障などを明記し、障害をもつ人が「差別なしに他のものと平等に政治に参加すること」を保障している。条約の批准とあわせてこの条約と矛盾する国内法の改正が必要となる。参政権保障の分野でも公職選挙法などの改正を要求することが課題となる。

この権利条約では、国連に「障害のある人の権利に関する委員会」が設置されることになっている。この委員会は条約を批准した国が、この条約で保障された障害をもつ人の人権保障が実行されているかどうか監視する役割をもち、また各国政府は定期的な報告をする義務を負っている。さらに、国内で人権保障がなされなかった場合に、個人としても直接に「委員会」に訴えることができる個人通報制度がある。この個人通報制度を活用するためには、日本政府に権利条約の批准だけでなく、選択議定書も批准させることが必要である。日本政府は、これまでも国連の「政治的市民的権利に関する国際規約」などを批准しているが、個人通報制度が活用できるようになる選択議定書は批准していない。日本政府に障害をもつ人の権利に関する条約の批准を求めるとともに、選択議定書の批准も求めよう。これは、障害をもつ人の人権保障、参政権保障にも大きな武器になると確信している。

◉障がい者改革推進本部

障害をもつ人の権利保障を求める要求と運動は大きく広がり、障害をもつ人の福祉の後退につながった「障害者自立支援法」抜本改正のたたかいは「政治を変えたい」という国民的な運動と結びついて自公政権を退場させ、民主党政権を誕生させた。民主党はマニフェストのなかで「障害者の権利に関する条約において締結国が措置をすることとされている事項を達成するため、障がい者に係る制度の抜本的な改革と基盤整備を行なう」として「障がい者制度改革推進本部」を設置すると公約していた。鳩山政権になった二〇〇九年一二月、内閣総理大臣を本部長とする障がい者制度改革推進本部が設置された。この推進本部は、当面五年間を「改革の集中期間」と位置づけ、オブザーバー一名を含む二五名の学者や障害をもつ人の団体代表などの構成員で、二〇一〇年一月から精力的に「推進会議」を開いている。三月一九日には政治参加などについて、三月三〇日には司法手続きについてなどの論議が行われた。

この論議のなかでは、私たちの会の要請書なども紹介され、「障害者制度改革の推進のための基本的方向（第一次意見案、五月二四日）」の政治参加のところでは、推進会議の問題認識として「現状では障害者の選挙権や投票権の保障が、制度の運用において、障害のない人と同程度に保障されていない問題が多々あり、早急に必要な改善措置を講じるべき」として、選挙等に関する情報のアクセス、投票所へのアクセス、選挙活動における配慮等の課題が掲げられている。

この推進会議の論議は、政府の障害をもつ人の参政権保障への対応としては画期的なものがある。しかしその後、民主党は迷走し、国民の批判をあびており、今後も私たちの声を大きくしていかなければ、障害をもつ人の参政権保障の実現もむずかしくなるだろう。障がい者制度改革推進会議の論議に注目し、今後とも実現要求の運動を強める必要がある。

⦿参政権保障はすべての要求解決の道

日本の憲法は、その前文で「日本国民は正当に選挙された国会における代表者を通じて行動」すると書いている。正当な選挙こそ、日本の基礎であり、主権者である国民が政治に参加する重要な機会である。そして、正当な選挙を実現するには、自由に投票する権利、候補者や政党の実績や政策などの情報を豊富に知ることができる権利、さらに自分が支持する候補者や政党を当選させるため、他の人に働きかける権利（選挙運動の権利）が保障される必要がある。別な言葉でいえば、参政権保障とは国民の意思と選択が正しく政治に反映できることといえないだろうか。

障害をもつ人にとっては、豊かに生きる権利、働く権利など実現しなければならない切実な課題が山積している。しかし、これらの課題を解決できるかどうかは、政治に関わっている。参政権保障は、私たちの要求を実現する道につながっている。だからこそ、私たちはこの課題が重要だと考えているのである。

コラム7

基本的人権を手放さないで

「障害を持つ人たちの参政権を考える東山懇談会」代表　白坂瑛子

二〇〇八年六月末で脳梗塞による左半身麻痺のリハビリ入院を規定の六か月で打ち切られ、自宅での独居生活が始まった。障害者にとっては日常生活さえもバリアの厚さに囲まれ、まして社会生活への参加は、サポーターなしではほとんど不可能であるといってよいことに愕然とした。

時あたかも高齢者のリハビリ入院制限、各種老人施設の入所基準、費用改定による負担の増加、「後期高齢者医療保険制度」の発足等により年金からの天引きが次々と打ち出され、ただでさえ心細い命綱がどんどんやせていく時期でもあった。

打ち切られたリハビリを求めてデイケアと入浴介助のためのデイサービスを週二日ずつお世話になっているが、介護認定を二級から三級に改めてもらっても、週一回の訪問リハビリを増やすことができただけで、在宅でのサービスは介護の単位が足らず民間のサービス機関やNPO助け合いグループなどを自己負担で利用することを余儀なくされている。無年金者や小額年金者は介護認定されても十分に利用できる状態にないのが現状である。障害をもつ人、高齢者に残されたこれらを是正し生存権を取り戻すための唯一の政治参加は投票権の行使しかない。基本的権利である自分たちの代表者を選ぶ権利（参政権）であるにもかかわらず、「投票に行きたいが行けない」デイ利用者で溢れ、行政もまたこれらの選挙参加を放置したままであることに強い危惧と憤りを覚える。

私自身、二〇一〇年京都府知事選挙は介護保険の制度（ヘルパーの介助派遣）を使うことが可能だったので、ケアマネジャーを通してのやり取りや福祉事務所の担当者の訪問などを通して行い、新たに訪問看護ステーションとの契約等も必要でとても大変な作業となった。ちなみに、介護保険でガイドヘルパーの一時間利用は約四三〇〇円程であった（保険利用なので、この分の自己負担額は一割である）。介護保険を選挙に使うことや選挙参加にお金が必要なこと自体にも納得していないが、このようなことさえも、選管公報によって知らされたこともなく、心ある高齢者の自己努力によってしか参加できていないのが現状である。ここに現状を憂い、自らも障害をもち高齢である同町内の者たちが集まり「障害を持つ人たちの参政権を考える東山懇談会」を立ち上げ、三月一九日から京都市東山区役所の選挙事務局と交渉を開始した。その様子が「NHKニュース京都845」の番組でも放送された。

その後、先の知事選挙のため一時休止したが、この五月九日に、再度の申し入れをし、前に進むことを求めて交渉中である。

3 障害をもつ人の社会参加と運動

浅野省三（弁護士 NPO法人いばらき自立支援センター）

⦿はじめに

私は約三〇年前から、障害者運動に関わって今日に至っている。私が運動に関わるようになったのは、私の二男（現在三一歳）に知的障害（情緒障害、自閉症といわれていた）があったことがきっかけである。その後、私が関わってきた運動の延長上に、二〇〇一年二月「NPO法人いばらき自立支援センター」（通称ぽぽんがぽん）が設立された。現在の事業内容は、作業所三か所、グループホーム五か所、ヘルパー派遣事業（ホームヘルパー、ガイドヘルパー）、相談支援などを行っており、私は設立時から現在まで代表理事を務めている。

また、私は弁護士として、JR（当時は国鉄）大阪環状線福島駅で視覚障害をもつ人がホームから転落した事故について、JRの責任を追及した事件（大原訴訟）や、引きこもりで投票に行けない知的障害のある人が郵便投票制度が利用できないのは、参政権を認めた憲法に違反すると争った郵便投票訴訟（フィールドⅢの2を参照）など、かなりの数の、障害をもつ人々が関与する裁判を担当した。

上記のように限られた範囲ではあるが、障害をもつ人の運動に関わった私の経験から、参政権だけでなく、社会参加を保障するための運動全般を視野にいれて、これまでの運動の問題点と到達点について考えてみる。

◉日本における障害をもつ人の運動の問題点

（1）アメリカにおいては、一九六〇年代のアーサーキング牧師の公民権運動によって黒人解放の公民権法（一九六四年）の成立となった。そして、この「公民権運動」は単なる黒人の解放運動にとどまらず、これに触発された少数者（障害をもつ人も含まれる）の権利擁護運動に発展し、一九九〇年の障害者差別禁止法（「障害をもつアメリカ人法」）の制定となっている。すなわち、公民権法の成立から遅れること二六年で、「障害をもつアメリカ人法」の成立に至ったのである。

私は、障害をもつ人の運動とは、あくまで障害当事者が中心となって、施策について、その計画、立案、実施について主体的に関与すべきと考えている。

（2）しかしながら日本においては、第二次世界大戦後に障害をもつ人の運動が始まり、すでに六五年に至っているが、いまだ障害をもつ人の差別禁止法の制定はされていない。

この原因の一つが、日本における障害をもつ人の運動が障害種別ごとのきわめて細分化された運動から出発したこと、さらにこのような障害をもつ人の運動が政党ごとに細分化されたことにある。このような運動は、量的にみて、必然的に社会的影響力は少なく、また質的にみても各種障害をもつ人の個別的な要求にとどまり、総合的な施策が視野に入っておらず、障害をもつ人のみならず、一般国民に対しても、説得力を欠くものとなっていったといえる。

（3）また、障害をもつ人の運動の中軸となる障害をもつ人の諸団体や施設、機関は、政府や自治体からの補助金を受けるなかで、自らの主張をおさえる傾向が今日もみられる。アメリカではこの点については克服されていると聞いている。

◉日本における障害をもつ人の運動の流れ

（１）第二次世界大戦後、日本の障害をもつ人の運動が始まった。当初の運動は、障害当事者ではなく、障害をもつ人の親族、医療・教育・福祉関係者などの団体が、障害種別ごとに互助会的に連帯し、行政に対して制度、施策の不足、不備を指摘し、これの改善、拡充を要請、要求するものであった。

ただ、初期の障害をもつ人の運動が上記のようなものであったのは、やむをえない面もあった。すなわち、戦後の混乱した社会状況のなかで、上記関係者が悲惨な状況におかれた障害をもつ人の窮状を救いたいとの切実な思いから、運動を始めたのは、当然であった。

また、日本の一九四〇年後半から七〇年代にかけて、国の障害をもつ人の施策は、障害の種類および程度によって細分化され、これに対応する施策も、種別の新設、細分化がなされ、必然的にこれに対応するような障害をもつ人の運動が出発点とならざるをえなかったのである。行政施策の実現を求めるためには、必然的に政策決定へのアプローチが必要であり、当然政党が媒介となり、障害をもつ人の運動の担い手そのものが一定の政治的イデオロギーの影響を受けることも多く、政党ごとの組織化が行われた。

（２）一九六〇年代後半から七〇年代にかけて、日本の障害をもつ人の運動は、それまでの行政に対する人道的立場に立った批判、施策の不足、不備解消の要求にとどまらず、憲法第二五条の生存権規定および各種社会保障規定を根拠に、権利としての保障要求が行われるようになった。

このような運動の典型的な団体が、一九六七年結成された「全国障害者問題研究会」（全障研）と「障害者の生活と権利を守る全国協議会」（障全協）であり、彼らは「権利としての社会保障」論を掲げた。

この運動はそれまでの互助会的で、行政方針の枠内で陳情や請願によって施策の拡大・拡充を求める運動とは明らかに異なり、障害をもつ人の施策を求めるのは障害をもつ人の権利であると明確に主張した点で評価される。

その後、障害当事者が主体となって、障害をもつ人を排除する社会思想や社会制度に対して、根本的な抗議、告発をする運動が行われるようになった。障害当事者が運動の中心となって、障害児殺しを障害をもつ子どもの立場から告発し、交通アクセスの問題でバスへの直接乗車行動という実力行使的運動を行った東京の「青い芝の会」に始まり、一九七五年に結成された「全国障害者解放運動連絡会議」（全障連）がそれである。

この運動は、社会から排除され、あるいは同情や慈善の対象としかみられていなかった障害当事者が、自らの障害を否定的に評価する社会に対して、明確に「ノー」と主張し、自ら行動を始めたものである。そしてこの運動は、それまで障害種別ごとにバラバラに運動していた団体が、障害種別を超えて、全国レベルで結集した、ある意味で画期的なものであった。

私自身も、弁護士として、それまで類似の刑事事件において被告人を弁護する際、事件は福祉政策の貧困ゆえに発生した悲劇であり、被告人個人にすべてその責任を負担させるのは、あまりにも酷である旨の弁護を行っていた。これに対して、「青い芝の会」が脳性麻痺の子どもが殺された事件について、当事者として「殺された被害者である子どもの命の尊厳はどうなるのか」と批判したことを知り、強い衝撃を受けた。私はこのときより、障害をもつ人の運動は当事者が中心となるべきと確信するに至る。

上記に述べた、いわゆる「全障研」、「障全協」と「青い芝の会」、「全障連」の間には、「障害」の捉え方が基本的に異なっていた。前者は「障害」を発達保障の面から捉え、発達の保障と障害の軽減、克服を図ることを目的としていた。これに対して後者は、「障害」をもつ人について、「障害」をマイナス要因としては捉えず、丸ごとそのままの存在として肯定し、そのうえで障害をもつ者を人間として、その尊厳と権利が守られるべきと主張していた。これらの「障害者観」の違いが、背景に存した政治的イデオロギーの影響まで受けることになり、障害をもつ人の団体が、相互に相手方を非難し合い、全体としての運動の進展の阻害要因となった。

しかしながら、「障害をもつ人」をそのあるがままの状態でとらえ、「障害をもつ人も、住居、仕事、余暇等において、一般市民と同じ（ノーマル）状態を確保すべき」とする「ノーマライゼーション」理念が世界的にみて、障害をもつ人への正しい認識であると考える運動がさらに推進されるべきである。

一九七七年には、知的障害のある人たちの作業所づくり運動のなかで、きょうされん（旧、共同作業所全国連絡会）が結成された（フィールドIの4を参照）。

（3）一九八〇年、国際リハビリテーション協会の世界大会に、障害当事者が参加を求めた。これに対して、協会側は、大会は専門家の集まりであり、そこに利用者が加わると混乱するとの理由で、障害当事者の参加を拒否した。

しかし、一九七六年に国連は、一九八一年を国際障害者年とし、そのテーマを「完全参加と平等」としていた。上記協会側の対応は明らかにこのテーマに掲げられた理念に反するものであり、協会側の対応に危機感を抱いた世界各国の障害をもつ人々は、自分たちも世界的な連帯組織を作る必要があるとして話し合いをもった。一九八一年ＤＰＩ（障害者インターナショナル）に世界五三か国の障害をもつ人の団体（日本からは五〇名が参加）が参加し、さらに八六年三月に日本国内組織としてのＤＰＩ日本会議が結成され、二〇〇二年にはＤＰＩ第六回世界会議が札幌市で行われるまでとなった。

ＤＰＩは結成にあたって声明を出し、障害をもつ人々が他の市民と同様に、①教育を受ける権利、②職業に就く権利、③自律生活の権利、④経済保障の権利（職業に就く機会が提供されない場合の経済保障）、

⑤社会、文化活動に参加する権利、⑥影響力（行使）の権利（政策決定に参加する権利）が保障されるべきことを求め、障害をもつ人固有の権利として⑦リハビリテーションの権利を要求するに至った。
この声明は、明らかにノーマライゼーションの理念のもと、世界の障害をもつ人の団体が連帯、結集したものである。障害種別ごとに、さらには政治的イデオロギーに細分化されていた日本の運動が、障害種別も政治的イデオロギーも超えて、世界のレベルで結集、連帯するに至った画期的なものであった。

ＤＰＩ自身もその後は発展し、世界一〇〇か国以上の国や地域が参加する、まさに諸団体が連帯する世界的な組織となっている。
（4）一九九〇年代に入って、日本の運動に特筆すべき動きがある。一つは、全国的に各種運動団体が障害をもつ人に関する施策や他の運動体・地域の動き等について、情報の共有化を図り始めたことである。一九九三年に「障害者総合情報ネットワーク」が発足し、刊行物を定期的に発行し、新しい情報を発信し始めた。
もう一つは、一九九五年に障害者政策研究会全国大会が組織されたことである。第一回大会のスローガンは「もうあなたまかせにはしない。自分達でつくるノーマライゼーションプラン」であるが、障害をもつ人への施策に対する理念的な批判や個別的制度・政策要求ではなく、総合的な法制度・政策の企画・立案、実施の各過程に、障害をもつ人が当事者の立場から主体的に参加していかなければならないとの問題意識に基づいて組織されたものである。
（5）二〇〇〇年に入ると、運動において、二〇〇三年より実施された支援費制度の創設をめぐって、多様な各種の障害をもつ人の団体が直接的に厚生労働省に集合して、要請デモを行うようになった。支援費制度は、それまでの行政による措置制度と異なり、障害当事者があくまで権利主体として、自らが障害をもつ人へのサービスを提供する指定業者との間で契約の締結（障害当事者の自己決定）が認められるものであった。ただ、この制度については、利用者負担（応能負担）、それまでの措置制度で認められていたサービスがかえって減少していく可能性（特にホームヘルパー上限問題）等々の問題を有していた。

さらに、その二年後の二〇〇五年には、障害をもつ人への施策の一元化の名のもとに障害者自立支援法が成立した。成立までに、各種団体は組織の壁を乗り越えて結集し、各地で共催による集会、連日の国会請願行動が多様な障害をもつ人々の参加のもと行われた。

二〇〇五年七月に、大阪中之島の中央公会堂で大阪府も共催団体として参加して行われた集会（これには身体障害、知的障害、精神障害をもつ人の団体から当事者がパネラーとして登壇している）はすごい熱気に包まれて行われ、私自身もこの集会に参加して、日本の運動もやっとここまで来たと感動、感激したことを覚えている。

しかしながら、実際に成立した障害者自立支援法には、原則一割の応能負担、障害程度区分による認定の問題や、いわゆる「制度の谷間の障害者問題」など多くの問題があった。しかも、この法律は毎年見直しが行われていったが、その見直し作業が障害をもつ人にとっては改悪となり、障害をもつ人が自殺に追い込まれるケースがマスコミで報道されるようになった。

そのため、それまで地域社会で積み重ねられた障害をもつ人の自立生活が大きく後退すると危機感を抱いた障害当事者は、二〇〇六年一〇月三一日には自立支援法の見直しを求めて、一万五千人もの大きな集会を行うまでになった。

（6）二〇〇九年八月の衆議院選挙によって、民主党を中心とする新政権が成立した。新政権は、障害者自立支援法の「廃止」と新たな総合的福祉制度の検討を明言し、二〇〇九年一二月『障がい者制度改革推進本部」が設置された。国連の「障害のある人の権利条約」の批准に向けて、障害者基本法の改正や、障害者差別禁止法など日本における施策のあり方を根本的に見直すこととなった。

そして、上記目的のため「障がい者制度改革推進会議」が設けられ、ここで広範な議論が精力的に行われている。この会議には、当然各種障害当事者が参加し、身体障害を有する若い弁護士が内閣参与として会議をリードし、知的障害を有する構成員は議論の中身が理解できない場合には所持しているイエローカードを提示して、議論のやり直しを求めることもできるということである。

⦿おわりに

上記のごとく日本の障害をもつ人の運動は、戦後六五年を経てやっと障害当事者が国の総合的障害者施策の議論の中核部分に関与するところまで進展した。しかしながら、現在の政治状況からみて、上記方向が変更される可能性もあり、国の施策の後退を阻止し、その進化を推進するため、今後、障害をもつ人の運動は注意深く、不断の運動を行わなくてはならない。

【参考文献】

茨木尚子・大熊由紀子・尾上浩二・北野誠一・竹端寛『障害者総合福祉サービス法の展望』ミネルヴァ書房、二〇〇九年
杉本章編「戦前戦後障害者運動史年表―戦前戦後障害者運動と関係法例」関西障害者定期刊行物協会、二〇〇一年
――、ノーマライゼーションプランニング編『障害者はどう生きてきたか―戦前戦後障害者運動史』関西障害者定期刊行物協会、二〇〇一年

コラム8

当事者を抜いて決めないで

「代読裁判を支援する大阪障害者の会」代表　森　実千秋

政治参加の様々なルールは、障害のない人が中心となり障害のない人であることを前提として決めており、障害をもつ人に対して必要な配慮が不足しています。たとえば、公職選挙法では文書による投票依頼は電話・ファックスの使用を含め一切禁止されていますが、これでは発声障害をもつ人の選挙活動は事実上不可能です。

このルールにしても、それぞれの政党や候補者に平等に当てはめるので、不都合な部分があったとしても、公平という点では問題がない、という考えが障害のない人のなかでは生まれがちです。しかしそのルールが、障害をもつ人にとってはどうかというところまで論議が及ばないのが現状だと思います。

したがって、障害をもつ人の参政権保障のためには、こうした障害のない人を前提とした、政治参加のルールを見直し変えていかなければなりません。このことを実現するために大事なことは、「多数決こそが民主主義である」の立場だけではだめだということです。もしそれが民主主義のすべてとするなら、少数者である障害をもつ人の参政権保障は障害のない人の多数の壁に阻まれて実現しません。「当事者を抜いて決めないで」という《障害のある人の権利条約》の精神を民主主義の柱として位置づけ、少数者の立場を尊重することが、参政権保障実現のカギであると確信しています。

Field Ⅲ

障害をもつ人々の参政権保障をめぐって

グローバルにみれば、障害をもつ人の社会参加は、一九八一年の国際障害者年以降確実に前進してきた。WHOが障害という概念を機能障害のみに着目するのではなく、社会との関係で捉えるように提唱したのもその頃である。このような障害概念も、今や「人間と環境の相互作用モデル」と呼ばれる総合的な捉え方がなされるようになり、この概念を前提に制定された「障害のある人の権利条約」と、障害を「医学モデル」からのみ捉える日本の法制度との間にいっそうのひずみが生じつつある。

一方、障害のある人が障害なき人と等しく権利を享有し、完全な社会参加を実現するには、障害ある人の努力により障害のない状態に近づくべきであるという発想はすでに過去のものとなり、ベンクト・ニィリエやバンク・ミケルセンらの提唱したノーマライゼーションという考え方が支配的となってきている。それを障害ある人の参政権保障という面からみるとき、障害ある人の個人としての尊厳を尊重し、その自己決定・選択を前提として、障害なき人と等しく政治参加の機会が保障されるべきであるということになろう。

しかし障害ある人に関連する日本の法制度は、国際水準からみれば大きく立ち遅れている。全国民に等しく参政権を保障すべき公職選挙法は、「選挙の公正」という高い障壁を設け、障害ある人の投票機会を奪い、選挙運動に制約を加え、障害ある人が政治の舞台に登場することを妨害する。

確かにわが国も、障害者基本法等で「障害を理由とする差別」を禁じている。しかし何が「障害を理由とする差別」にあたるのかという点について共通の認識がない限り、差別はなくならない。自己選択はもちろんのこと、意思決定過程への参加さえ許さず、障害なき人々だけで決定したルールを障害ある議員に押し付けておきながら、それを「合理的配慮」と信じている岐阜県中津川市議会が障害ある人々から指弾されるのも、「障害を理由とする差別」の意味を理解しえないゆえであろう。

日本国憲法制定から六五年、障害をもつ人々は投票機会の平等を求め、選挙運動の自由を求め、裁判で闘ったり立法府に働きかけたりしてきた。そのなかには、在宅投票制度の復活や在宅代理投票の一部実現など制度改革を導いた闘いもあった。しかし主権者としての国民が、障害ゆえに政治的意思決定過程のすべての場面で完全参加を果たすには、いまだ道半ばであるといわざるをえない。フィールドⅢでは、障害をもつ人々の参政権保障をめぐる制度、思想、国際的潮流、裁判闘争の歴史等を紹介しながら、現状と課題を検討する。

（川﨑記）

1 障害をもつ人の社会参加の拡大と参政権保障の発展

井上英夫（金沢大学）

◉はじめに――中津川代読事件判決と障害のある人の権利条約

小池公夫元市議会議員が手術で声を失ったのは、二〇〇二年一〇月、提訴したのは二〇〇六年一二月である。そして、岐阜地裁が小池氏の主張の一部を認めた判決を下したのが二〇一〇年九月二二日である。発声障害をもつ議員が、コミュニケーション手段として代読を認めてほしいというだけのことに、八年の歳月と裁判を強いられている。まことに理不尽な話である（フィールドⅢの2および井上「参政権保障、表現の自由・コミュニケーション保障と自己決定・選択の自由」荒木誠之・桑原洋子編『社会保障法・福祉と労働法の新展開〈佐藤進先生追悼〉』信山社、二〇一〇年を参照）。

他方、同じ二〇〇六年一二月には、国連で、人間の尊厳の理念、自己決定と選択の自由の原理に基づいて参政権とコミュニケーションの保障をうたった「障害のある人の権利条約」が採択されている。当時、中津川市議会と権利条約の人権保障におけるギャップに唖然としたのであるが、条約を待つまでもなく、小池議員の代読という手段を奪った議員たちの行為は憲法、障害者基本法等日本の法体制のもとでも明らかに違憲、違法である。しかし、本事件は、日本の障害をもつ人々の参政権保障の一面を象徴しているといわざるをえない。

1　社会参加の拡大と参政権保障の現代的意義

わが国の憲法は、すべての人の人間の尊厳の尊重、基本的人権の保障という歴史的潮流をふまえている。そのため、障害をもつ人々の人権保障も一定進んできた。一九七〇年五月二一日制定の心身障害者対策基本法は、「すべて心身障害者は、個人の尊厳が重んじられ、その尊厳にふさわしい処遇を保障される権利を有するものとする」と第三条に規定し、七九年には国連の国際人権規約も批准されている。さらに、九三年には、心身障害者対策基本法は障害者基本法と改正され、第三条は引き続き基本理念とされ、さらに第二項に「すべて障害者は、社会を構成する一員として社会、経済、文化その他あらゆる分野の活動に参加する機会が与えられる」と、参加の機会の保障を規定したのである。

ここでは、政治参加が明文をもってうたわれてはいないが、「社会、経済、文化その他あらゆる分野の活動に参加する機会」とは、当然に政治参加を含むものである。したがって、現在不十分とはいえ、後述するような参政権の制度的保障もみられる。日本における障害をもつ人の参政権保障については国際的にみても遅れていて様々な問題があるが、それでも人権保障の発展につれて進歩している。

◉「完全参加と平等」と参政権保障

国連の人権保障活動の一つとして一九八一年が「国際障害者年」とされた。そのテーマは、「完全参加と平等（full participation and equality）」であった。それ以降、一九八三〜九二年「国連障害者の一〇年」、さらに一九九三〜二〇〇二年「アジア太平洋の一〇年」等の活動が続けられ、障害をもつ人の人権保障は大きく進み、二〇〇六年には「障害のある人の権利条約」も採択されている。まず、国際障害者年の理念「完全参加と平等」の意味と参政権保障の意義を確認しておこう。

（1）　完全参加の意味

完全参加とは、障害をもつ人がそれぞれ住んでいる社会において、社会生活と社会の発展のすべての部面に参加することを意味する。

第一に、あらゆるレベルに参加する。国際的に、そして国レベルでは地域、地方から国家レベルまで、政府、民間を問わず各種機関へ障害をもつ人々が参加する。

第二に、あらゆる活動領域へ参加するということであり、社会的、経済的、文化的そして政治的領域の社会活動のすべての部分にわたって活動するというものである。この意味では、現代の社会参加の内容は、①政治参加、②行政参加、③司法参加、④狭義の社会参加ないし社会活動への参加ということになろう。

特に、近年の司法制度改革のなかで、国民の司法参加が重要な課題となっている。裁判員制度など制度化もされているが、矮小化されかねない面も含んでいる。司法参加というとき、そもそも不服申立て等を含めて、国民がより容易に裁判を提起することができなければならないし、そのための訴訟費用、情報の保障をはじめとする物的、心理的そして制度的バリアフリー化によってアクセスが全面的に保障されなければならない。特に、国、自治体に対する国民の側の勝訴率も高められなければならない。障害をもつ人の社会参加が進めば、いっそう訴訟等の法的な紛争場面に遭遇することが多くならざるをえない。原告となり、被告となる。たとえば、犯罪においても加害者そして被害者として登場する場面が多くなるのである。したがって、加害者となったときの人権と同時に被害者としての人権が保障されるための「合理的な配慮」がいっそう求められている。

第三に、あらゆる形態で参加するということである。直接参加、あるいは選挙のような間接参加、さらには個人として、組織として参加する。完全参加というとき内容は非常に広範であるが、とりわけ政治参加の重要性が強調され、なかでも政策決定過程への参加が強調されている。自らに関わる政策についてはその策定段階から決定、実施に至るまで障害をもつ人々あるいはその代表が、直接、間接に参加してこそ実質的かつ効果的な人権の保障ができるとの考えである。

（2） 平等の意味

ここに平等とは、形式的あるいは機会の平等保障にとどまらず、障害をもつ人々のハンディキャップないし固有のニーズに対する適切な保護や保障を求めるという実質的平等の実現まで含み、複合的な構造をとるものである。第一に、他の市民と同等の「市民的及び政治的権利」を有すること。第二に、生活条件が他の市民と対等であり、可能な限り通常のかつ十分満たされた相当の生活を送ることができる権利が保障されること。第三に、平等は現状を固定化するものではなく、社会経済的発展の成果としての生活向上に等しくあずかる権利を有するという発展的な性格をもつ。こうして政治的・市民的権利の領域のみでなく、社会的・経済的・文化的権利の領域でも平等保障が貫かれ総合的に人権が保障されることによって、障害をもつ人々に対して他の人々と同等の権利が保障された、すなわち完全参加が実現されたといいうるのである。その意味で、平等は「完全参加」の実現度を計る一つの基準としての意味をもつ。

以上のような、「国際障害者年」の基本理念が一九八三年からの「国連障害者の一〇年」、「アジア太平洋の一〇年」等の諸活動を経て、二〇〇六年の「障害のある人の権利条約」に引き継がれてきたのであるが、そのなかで政治活動への参加がよりいっそう強調されている。このようにして、障害をもつ人々の政治的意思決定過程への参加の程度は、その国の障害・固有のニーズをもつ人々ひいては全国民への人権保障の試金石となっている。

◉日本国憲法と社会参加、参政権保障

日本において、国民が政治に参加したのは一八九〇年、普通選挙により男子が選挙権をもったのが一九二五年、そして婦人の参政は第二次世界大戦後であり、一九四六年公布の新憲法は国民主権とともに参政権保障の規定をおいた。憲法は、選挙権（第一五条等）と、憲法改正についての国民投票制度、最高裁判所裁判官の国民審査制度、住民投票制度、請願権等狭い意味の参政権と、これらの諸権利をより実質化するための思想及び良心の自由、表現の自由（第一九条、第二一条等）等の広い意味の参政権を総合的に保障している。

参政権は投票権・選挙権保障のレベルを超え、国民の主権を保障し、民主政治を成り立たせ、有効に機能させるための権利として、憲法の基本的人権として位置づけられている。選挙については、成年者による普通選挙が保障されている。一票の格差、外国人の参政権等問題がないわけではないが、機会の平等を徹底しているのである。ただ、被選挙権については、衆議院議員について満二五歳以上等の年齢制限があり、選挙権、被選挙権について成年被後見人、選挙犯罪者、受刑者等についての欠格条項がある（公職選挙法第一一条、第一一条の二）。

原則として二〇歳以上の日本国民には選挙権が保障されている。したがって、障害をもつ人、高齢者も後見開始の審判を受けない限り、たとえ認知症であっても、知的障害が重くても選挙権、被選挙権を有する。そして、参政権は、障害をもつ人にとって、障害をもたない人以上に重要で切実な権利である。それは、障害をもつ人の人権保障を実効あるものとし、すべての人が人間の尊厳に値する生活を実現すること、

すなわち「完全参加と平等」実現のための核であり、基礎的な筋道であるからである。

2　障害のある人の参政権保障の現状

日本の参政権保障は、憲法の規定上あるいは形式的にはともかく、実態は国際的にみて大きく立ち遅れている。特に選挙制度における一票の価値の不平等と戸別訪問禁止等選挙活動の自由を大幅に剝奪している公職選挙法（以下、公選法という）は、人々の政治参加を妨げ日本の民主主義発展の大きな桎梏となっている（玉野事件参照）。この状況は障害をもつ人々の場合いっそう過酷であり、ＡＬＳ（筋委縮性側索硬化症）患者裁判にみられるように、投票権行使に生命の危険すらもたらすような状況である。それぞれの「障害」に対して適切な支援や援助が必要である。

しかし不十分とはいえ、障害をもつ人々、国民の参政権拡大運動の歴史のなかで選挙権、特に投票権を中心に一定の制度的保障を獲得している。投票権の行使と選挙についての情報入手と情報提供に関する保障、さらに被選挙権の行使・議員活動の保障等についてはフィールドⅢの3を参照していただき、ここでは省略し、障害をもつ人の参政権保障について争われてきた不在者投票制度を中心とした裁判をいくつか紹介しておきたい。投票権の保障から、政治活動の自由へ、そして被選挙権、議員活動の保障へと争点が拡大発展してきていることが理解できるからである（詳しくはフィールドⅢの2を参照）。

内容的にも、小樽の在宅投票制度廃止違憲訴訟最高裁判決のように結果的には原告敗訴となっているが、いくつかの裁判所で、公選法の問題点を認め、障害のある人に対する差別が存在すると厳しく指摘している。そして、在宅投票に関する札幌地裁、ＡＬＳ患者の在宅投票に関する東京地裁の指摘を受けて、公選法が改正されている。

⦿在宅投票制度廃止違憲訴訟

一九七四年、小樽の在宅投票制度廃止違憲訴訟において札幌地裁小樽支部は、改正前の公選法の在宅投票廃止の立法は実質的に選挙権を奪うに等しい措置で、憲法第一五条一項、三項、第四四条、第一四条一項に違反するとして、国に一〇万円の支払いを命ずる判決を下した。「一部のものの選挙権の行使を不可能あるいは著しく困難にするような制約は、必要やむを得ないとする合理的理由のある場合に限るべきであり、この見地からすれば、右制約の程度も最小限」でなければならないと合理性基準を明らかにし、さらに、弊害除去の目的のため在宅投票制度を廃止する措置が合理性があるというためには、弊害除去という同じ立法目的を達成できるより制限的でない他の選びうる手段がないか、もしくはこれを利用できない場合に限られるという、いわゆるＬＲＡ（より制限的でない他の選びうる手段）基準を採用した。札幌高裁でも実質的には原告の主張を認め、一九七四年には、公選法が改正され廃止されていた在宅投票が一部復活したのである。

⦿玉野事件

玉野事件とは、一九八〇年に行われた衆参同時選挙をめぐって和歌山県御坊市で起きた公選法違反事件である。被告人玉野ふい氏は、衆議院議員候補者の応援のため、後援会加入申し込み書等を配布し、法定外の選挙運動文書頒布により公選法違反で逮捕、起訴された。

和歌山地裁御坊支部は、一九八六年、罰金一万五千円、公民権停止二年の有罪判決を下した。この判決に対して、被告人側が控訴したが、二審の大阪高裁に至り新たな論点が加わり、玉野事件を他の公選法違反事件と違った特徴あるものとした。それは、玉野氏のもつ言語障害に光があてられたことである。一九八一年の国際障害者年以降の国際的、国内的な障害をもつ人々の人権保障の運動を背景に、公選法の厳しい規制が、障害をもたない国民にとって参政権、表現の自由の侵害になっているだけでなく、とりわけ障害をもつ人々にとってはほとんど選挙活動の自由を剝奪していること、その意味で二重に違憲の法であることが立証された。

大阪高裁は、一九九一年、公選法を合憲とし控訴棄却の判決を下したが、同時に、公選法下では、選挙運動に関し言語「障害者」と「健常者」との間に実質的不平等が存することは否めないとし、立法政策上、「健常者と言語障害者との間に存在する事実上の不均等を、健常者以上の文書頒布を許すことによって埋め合わせるということも、十分検討に値するであろう」といっている。玉野氏は最高裁に上告中の九三年八月突然死亡し、事件は公訴棄却となった（事件については、坂本康文「障害をもつ人々と選挙活動の自由」井上英夫編著『障害をもつ人々と参政権』法律文化社、一九九三年、二二一頁以下参照）。

◉ALS在宅投票裁判

東京地裁は二〇〇二年一一月二八日、諸外国の選挙制度の検討をふまえ、「原告ら（承継前）が現行投票制度下で身体的条件によって選挙権行使の機会を奪われていることについて、投票行為の性質に伴う必然的な制約や、投票の秘密や選挙の公正の要請からやむを得ないものであると認めることはできない。……したがって、少なくとも本件各選挙当時において、公職選挙法に原告ら（承継前）が選挙権を行使できるような投票制度が設けられていなかったことについては、憲法一五条一項、同条三項、一四条一項及び四四条ただし書に違反する状態であったといわざるを得ない」と断定した。
これを受けて、公選法が改正され、在宅投票について要件が緩和されたのである。

3　人間の尊厳の理念、自己決定の原理と参政権

現代の人権にとって、世界人権宣言、国際人権規約に明らかなように、その理念、根拠は第二次世界大戦の悲惨な経験への反省に立った人間の尊厳であることは否定できない。日本国憲法も、この思想を、「すべて国民は、個人として尊重される」という原理によって宣明している（芦部信喜著・高橋和之補訂『憲法〔第三版〕』岩波書店、二〇〇二年、八〇頁）。

そして、さらに人間の尊厳を具体化し、平等の原理と並んで人権保障に通底した原理として自己決定および選択の自由があることも明らかである。芦部も、自己決定権を幸福追求権から導き出される人権として論じている。しかし、論述の対象は、プライバシーの権利のほか「個人の人格的生存にかかわる重要な私的事項を公権力の介入・干渉なしに自律的に決定できる自由」（同一二〇頁）である。

この点では、後述するように、現在、自己決定の原理ないし自己決定権は、私的事項への公権力の介入・干渉からの自由だけでなく、政策決定への参加（参政権の領域）、さらには自ら受けるサービスの量・質（いわゆる社会権の領域）に対しても意見をいい、決定できるものへと発展している。

さらに、芦部は、二〇〇二年当時、「わが国では自己決定権を真正面から認めた判例は存在しない」といっている（同一二〇頁）。しかし、後に述べるようにノーマライゼーション原理の普及により自己決定（権）はいまや国際的常識あるいは、国および個人の守るべきグローバルスタンダードとなった。子ども

の権利条約の意見表明権、高齢者の国連原則、さらには、障害のある人の権利条約等いずれも自己決定・選択の自由が基本原理とされている。

⦿国際的動向―ノーマライゼーション原理と自己決定

障害をもつ人の人権保障に大きく影響を与えている原理は、「ノーマライゼーション（ノーマリゼーションともいう）」の原理である（以下、河東田博『ノーマライゼーション原理とは何か』現代書館、二〇〇九年、、ベンクト・ニイリエ著、ハンソン友子訳『再考・ノーマライゼーションの原理―その広がりと現代的意義』現代書館、二〇〇八年を参照）。この原理は、デンマークのバンク・ミケルセンやスウェーデンのベンクト・ニイリエによって、主として知的障害をもつ人々の分野で提唱、理論化された。国連の「知的障害のある人の権利宣言」、国際障害者年、行動計画、そして障害のある人の権利条約までの国際条約、文書の基礎的原理として認められ、北欧はもちろん世界各国の障害をもつ人々の政策、法律、行政に普遍的な原理として取り入れられている。

ミケルセンの定義が普遍的な価値をもつものとして広く支持されている。それは、障害のある人たちを「ノーマルな人にすることを目的としているのではなく、その障害を受容することであり、彼らにノーマルな生活条件を提供すること」である。また、この原理は、権利性、平等性が強調されているが、ノーマライゼーション原理とは、「他の市民と平等の権利と義務をもつべきだという考え以上」のことではないとも述べている。この点が、国際障害者年の「完全参加と平等」というテーマとなり、国際行動計画さらに国際条約に結実しているのである。

この原理をさらに発展させ、理論化しかつ具体化したのがニイリエである。「選択の自由と自己決定の権利を尊重するような、人道的で平等主義的な価値観を基礎においている。……個人を個人として尊重することや、その個人が他人とは異なるままでいることができる権利を重視する」。すなわち、「自分の意思を表現し、自分で選択するように一人ひとりが励まされ、支援を受けるということを示している」のである。

ニイリエは、この原理を具体化し、①一日のノーマルなリズム、②一週間のノーマルなリズム、③一年間のノーマルなリズム、④ライフサイクルにおけるノーマルな発達的体験、⑤ノーマルな個人の尊厳と自己決定権、⑥その文化におけるノーマルな性的関係、⑦その社会におけるノーマルな経済的水準とそれを得る権利、⑧その地域におけるノーマルな環境形態と水準、の八つの側面にまとめている。ニイリエは「個人の尊厳＝自己決定権」を最も重視していたのである。

こうして、知的障害のある人の分野から発展したノーマライゼーションの原理は、障害のある人のみならず、子ども、高齢者、患者、女性等すべての人の自己決定を中核として、人権保障の基本原則として具体化されていく。

スウェーデンでは、さらに、障害をもつ人にとどまらず高齢者福祉の三原則としても発展させ、継続性、自己決定、能力の活用となるし、先に述べたように、高齢者の国連原則にも生かされることになる（井上『高齢化への人類の挑戦―国連・高齢化国際行動計画２００２』萌文社、二〇〇三年を参照）。

⦿日本国内の動向

（１）　立法の動向

こうした国際的潮流に日本も対応してきた。ある意味では、憲法学などにおける自己決定権理論よりも立法あるいは行政の現実が進んでいる。

(ア) 障害者基本法と自己決定・選択の自由

一九七〇年制定の心身障害者対策基本法は、その基本的理念(第三条)に、「すべて障害者は、個人の尊厳が重んぜられ、その尊厳にふさわしい処遇を保障される権利を有するものとする。二 すべて障害者は、社会を構成する一員として社会、経済、文化その他あらゆる分野の活動に参加する機会を与えられるものとする」とうたっていた。

この基本理念をさらに発展させ、障害者の自立および社会参加の支援等のための施策を総合的かつ計画的に推進し、障害者の福祉を増進することを目的として、心身障害者対策基本法を改正したのが一九九三年の障害者基本法である。

(基本的理念)

第三条 すべて障害者は、個人の尊厳が重んぜられ、その尊厳にふさわしい生活を保障される権利を有する。

二 すべて障害者は、社会を構成する一員として社会、経済、文化その他あらゆる分野の活動に参加する機会が与えられる。

三 何人も、障害者に対して、障害を理由として、差別することその他の権利利益を侵害する行為をしてはならない。

法律名の「心身障害者」を「障害者」に、そして対策を削除しより人権保障に沿ったものとし、さらに「処遇」を「生活」に変え、差別禁止が付加されたのである(傍点は筆者)。

その他、中央障害者施策推進協議会(以下、協議会という)への障害者の参加(第二五条二項)、市町村障害者計画を策定するにあたっては、障害者その他の関係者の意見を聴くこと(第九条の六項)が規定され、第一五条では「障害者の職業選択の自由を尊重」することがうたわれている。

さらに、情報の利用におけるバリアフリー化については、障害者が円滑に情報を利用し、その意思を表示できるようにするため、障害者が利用しやすいことと、障害者の利便の増進がうたわれている（第一九条）。

(イ)　障害者自立支援法と自己決定・選択の自由

障害者自立支援法は、「障害者基本法の基本的理念にのっとり、……障害者及び障害児の福祉に関する法律と相まって、障害者及び障害児が自立した日常生活又は社会生活を営むことができるよう、必要な障害福祉サービスに係る給付その他の支援を行い、もって障害者及び障害児の福祉の増進を図るとともに、障害の有無にかかわらず国民が相互に人格と個性を尊重し安心して暮らすことのできる地域社会の実現に寄与することを目的」（第一条）としている。

そして、市町村の責務として、障害者が自ら選択した場所に居住できるよう支援すること（第二条一項一号）、「意思疎通について支援が必要な障害者等が障害福祉サービスを円滑に利用することができるよう必要な便宜を供与すること」（同三項）が規定されている。

（2）　自己決定・選択の自由と行政参加——障害者計画

国、県、および市町村には障害者基本法により障害者計画の策定が義務づけられたが、これら計画は明確にノーマライゼーションを理念とし、人権保障、人間の尊厳、自己決定・選択の自由を原則としている。

国の障害者基本計画（二〇〇三〜一二年）では、わが国の障害者施策は、これらの長期計画に沿ってノーマライゼーションとリハビリテーションの理念のもとに着実に推進されてきたとする。すなわち、九九五年には、新長期計画の後期重点施策実施計画として「障害者プラン」が策定され、障害者施策の分野で初めて数値による施策の達成目標が掲げられた。

まず、基本的な方針として、「二一世紀に我が国が目指すべき社会は、障害の有無にかかわらず、国民誰もが相互に人格と個性を尊重し支え合う共生社会とする必要がある。共生社会においては、障害者は、社会の対等な構成員として人権を尊重され、自己選択と自己決定の下に社会のあらゆる活動に参加、参画するとともに、社会の一員としてその責任を分担する」と述べている。

次に、「情報・コミュニケーション」として、「ＩＴ（情報通信技術）の活用により障害者の個々の能力を引き出し、自立・社会参加を支援するとともに、障害によりデジタル・ディバイドが生じないようにするための施策を積極的に推進するほか、障害特性に対応した情報提供の充実を図る」と基本方針を示している。そして、施策の基本的方向として情報バリアフリー化を推進し、「障害者が容易に情報を発信し、情報にアクセスできるよう、使いやすい情報通信機器、システム等の開発・普及等を促進するとともに、ＩＳＯ／ＩＥＣガイド71（高齢者・障害者のニーズへの配慮ガイドライン）に基づき、障害者にとって使いやすいように配慮した情報通信機器設計の指針等をＪＩＳ（日本工業規格）化する」と具体的に述べている。さらに、行政情報については、「選挙における障害者の投票を容易にする手段として、電子投票の導入を推進する」ともいっている。

コミュニケーション支援体制の充実については、「コミュニケーション支援を必要とする視聴覚障害者に対する手話通訳者、要約筆記者及び盲ろう通訳者の養成研修を推進するとともに、これらの派遣体制の充実強化を推進する」と積極的である。

また、市町村障害者計画策定指針では、「地域の実情と障害者のニーズを踏まえた障害者計画」の策定が示されている。実際、たとえば金沢市障害者計画＝『ノーマライゼーションプラン』（一九九八年、二〇〇四年、二〇〇九年版）では、明確にノーマライゼーションの原理を掲げ、人権と自己決定・選択の自由を基本として計画が策定されている（井上「ともに創り ともに生きる―金沢市『障害者』計画の世界」日本学術会議『学術の動向』二〇〇二年一〇月号を参照）。

（3） 判決に現れた自己決定・選択の自由

数は少ないとはいえ、以上のような国際的、国内的なノーマライゼーション原理、自己決定・選択の自由の原理の浸透をふまえ、自己決定・選択の自由を認めた判決も現れている。

高信司生活保護訴訟は、金沢地裁（一九九九年六月一一日判決）から最高裁（二〇〇三年七月一七日第一小法廷決定）まで、扶養共済年金を収入認定し、保護費の減額をした金沢市の処分を違法とした画期的な事件であるが、二〇〇〇年九月一一日の名古屋高裁金沢支部判決（平成一一（行コ）一四生活保護変更処分取消請求控訴事件）は、「原則的に施設で暮らすか、自宅で暮らすかは本人の選択の自由」であるとした。

「被保護者が在宅保護によるか収容保護によるかの選択については原則として被保護者本人の意思によって決せられるべきであり、かつそれは最大限尊重されなければならないことであるが、その場合に、在宅保護か収容保護かの選択が単純に先にあるのではなく、施設保護の実態及び他人介護を含めた在宅保護の実態を踏まえて、被保護者が在宅保護か施設等による収容保護かを選択することになると考えるべきである。」

また、中島訴訟においても福岡高裁、最高裁ともに生活保護費の自由使用を認めている。

4　参政権保障と表現の自由・コミュニケーション保障

⦿自己決定・選択の自由と参政権保障

以上述べてきたように、社会参加の保障、なかでも参政権保障は民主主義国家の基本である。憲法第一五条その他で保障され、さらに国際人権規約はその内容を豊富化し、包括的に規定している。そして、『障害のある人の権利条約』がいっそう発展させているのである（井上「人権保障の発展と『障害のある人』の権利条約」障害者問題研究三四巻一号、二〇〇六年を参照）。

（1）　市民的政治的権利に関する国際規約

市民的政治的権利に関する国際規約は、第二五条で「すべての市民は、第二条に規定するいかなる差別もなく、かつ、不合理な制限なしに、次のことを行う権利及び機会を有する。(a)直接に、又は自由に選んだ代表者を通じて、政治に参与すること。(b)普通かつ平等の選挙権に基づき秘密投票により行われ、選挙人の意思の自由な表明を保障する真正な定期的選挙において、投票し及び選挙されること。(c)一般的な平等条件の下で自国の公務に携わること」と規定している。

ここでは、いかなる差別もないことが強調されている。さらに、本件との関わりでは、(c)項が意味深い。「公務に携わること」とは、国民の選挙権の行使、さらには被選挙権の行使という形での参加形態にほかならない。そして、ひとたび議員として選ばれたからには、「公務員」として、国民、住民の代表（憲法第一五条「全体の奉仕者」）として憲法を尊重、擁護し、とりわけ国民への基本的人権保障をその使命として活動することを職責とするものである（同第九九条）。議場における発言はこの議員活動の生命であり、それゆえにその自由は、内容、形式において最大限保障されなければならない。それは、議員活動において自己決定と選択の自由が最大限保障されるということである（同第一三条）。

このことわりは、障害をもつ議員の場合も同様である。他の議員と同様に発言が方法、内容ともに保障されなければならない。議場は、この意味で議員の尊厳、すなわち自己決定と選択の自由が最大限保障される場でなければならない。それこそが、議員としての参政権保障にほかならない。

（2）「障害のある人の権利条約」

「障害のある人の権利条約」は、さらに参政権保障を発展させ、豊富化、具体化している。第二九条は「政治的及び公的活動への参加」として以下のように規定する（訳文は、川島聡＝長瀬修仮訳〔二〇〇八年五月三〇日付〕を、自立を独立にするなど若干修正して用いた）。

締約国は、障害のある人に対し、政治的権利の享有及びこの権利を他の者との平等を基礎として行使する機会を保障するものとし、次のことを約束する。

(a) 特に次のことにより、障害のある人が、直接に又は自由に選んだ代表を通じて、他の者との平等を基礎として、政治的及び公的活動に効果的かつ完全に参加することができること（障害のある人が投票し及び選挙される権利及び機会を含む。）を確保すること。

(i) 投票の手続、施設〔設備〕及び資料が適切であること、アクセシブルであること並びに理解し及び利用しやすいことを確保すること。

(ii) 適切な場合には、支援技術〔支援機器〕及び新たな技術〔機器〕の使用を容易にすることにより、障害のある人が、選挙及び国民投票において脅迫を受けることなく秘密投票により投票する権利、選挙に立候補する権利、並びに政府のすべての段階において効果的に公職に就き及びすべての公務を遂行する権利を保護すること。

(iii) 選挙人としての障害のある人の意思の自由な表明を保障すること。このため、必要な場合には、障害のある人の要請に応じて、障害のある人自身により選ばれた者が投票の際に援助することを認めること。

(b) 障害のある人が、差別なしにかつ他の者との平等を基礎として、政治に効果的かつ完全に参加することのできる環境を積極的に促進すること。また、障害のある人が政治に参加することを奨励すること。政治への参加には、次のことを含む。

(i) 国の公的又は政治的活動に関係のある非政府機関及び非政府団体に参加すること、並びに政党の活動及び運営に参加すること。

(ii) 国際的、国内的、地域的及び地方的な段階において、障害のある人を代表するための障害のある人の団体を結成し、及びこれに加入すること。

⦿参政権保障と表現の自由・コミュニケーション保障

憲法第二一条は、表現の自由の保障を定めている。この普遍的人権をさらに発展、豊富化させたのが国際人権規約であり、障害をもつ人の「固有のニーズ」に応じて補完する(「固有の人権」の保障)のが「障害のある人の権利条約」である(固有のニーズについては、井上「『固有のニーズ』をもつ人と人権保障」障害者問題研究三一巻四号、二〇〇四年を参照)。

(1) 市民的政治的権利に関する国際規約

国際人権規約の市民的政治的権利に関する規約一九条は、以下のように定める。

第一九条(意見及び表現の自由)

一 すべての者は、干渉されることなく意見を持つ権利を有する。

二 すべての者は、表現の自由についての権利を有する。この権利には、口頭、手書き若しくは印刷、芸術の形態又は自ら選択する他の方法により、国境とのかかわりなく、あらゆる種類の情報及び考えを求め、受け及び伝える自由を含む。

三　二の権利の行使には、特別の義務及び責任を伴う。したがって、この権利の行使については、一定の制限を課することができる。ただし、その制限は、法律によって定められ、かつ、次の目的のために必要とされるものに限る。

(a)　他の者の権利又は信用の尊重

(b)　国の安全、公の秩序又は公衆の健康若しくは道徳の保護

情報伝達手段を具体的に列挙し、伝達者の選択により他の手段をも自由に使用しうることを示している。受け手としてだけでなく、情報の発信者・送り手としての側面もみている（村上愛三「表現の自由」法学セミナー一九七九年五月号臨時増刊『国際人権規約』一九六頁以下参照）。

（2）「障害のある人の権利条約」

さらに、「障害のある人の権利条約」では、前文でまず、(n)障害のある人にとって、その個人の自律及び独立（自ら選択する自由を含む）が重要であることを認めている。また、(o)障害のある人が、政策および計画（障害のある人に直接関連のある政策および計画を含む）に係る意思決定過程に積極的に関与する機会を有すべきであることが考慮されている。そして、第三条に(a)固有の尊厳、個人の自律（自ら選択する自由を含む）および人の独立に対する尊重、(b)非差別（無差別）、(c)社会への完全かつ効果的な参加およびインクルージョンを含む八つの原則を掲げている。ここで、独立とは英文では independence であり、日本で一般的に用いられる「自立」と訳すとその意義が没却されることに注意が必要である（井上「人権保障の発展と『障害のある人』の権利条約」〔前掲〕を参照）。

あらゆる場面で、自己決定・選択の自由の原理が具体化されており、列挙すれば、以下のとおりである。

第一九条　独立した生活〔生活の自律〕及び地域社会へのインクルージョン

この条約の締約国は、障害のあるすべての人に対し、他の者と平等の選択の自由をもって地域社会で生活する平等の権利を認める。締約国は、障害のある人によるこの権利の完全な享有並びに地域社会への障害のある人の完全なインクルージョン及び参加を容易にするための効果的かつ適切な措置をとるものとし、特に次のことを確保する。

(a)　障害のある人が、他の者との平等を基礎として、居住地及びどこで誰と生活するかを選択する機会を有すること、並びに特定の生活様式で生活するよう義務づけられないこと。

第二〇条　個人の移動性

締約国は、障害のある人が可能な限り独立〔自律〕して移動することを確保するための効果的な措置をとるものとし、特に次のことを行う。

(a)　障害のある人が、自ら選択する方法で、自ら選択する時に、かつ、負担可能な費用で移動することを容易にすること。

表現の自由については、選択の自由よりさらに明確である。まず、「コミュニケーション〔意思伝達・通信〕」とは、筆記〔文字言語〕、音声装置、平易な言葉、口頭朗読その他の拡大代替〔補助代替〕コミュニケーションの形態、手段及び様式〔アクセシブルな情報通信技術〔情報通信機器〕を含む。〕とともに、言語、文字表示〔文字表記〕、点字、触覚による意思伝達、拡大文字及びアクセシブルなマルチメディア等をいう」（第二条）と定義している。

第二一条　表現及び意見の自由並びに情報へのアクセス

締約国は、障害のある人が、他の者との平等を基礎として、第二条に定めるあらゆる形態のコミュニケーションであって自ら選択するものにより、表現及び意見の自由（情報及び考えを求め、受け及び伝える自由を含む。）についての権利を行使することができることを確保するためのすべての適切な措置をとる。このため、締約国は、特に次のことを行う。

(b) 障害のある人が、その公的な活動において、手話、点字、拡大代替（補助代替）コミュニケーション並びに自ら選択する他のすべてのアクセシブルなコミュニケーションの手段、形態及び様式を用いることを受け入れ及び容易にすること。

5 おわりに

最後に、日本の障害をもつ人の社会参加そして参政権保障の現状を象徴している中津川代読事件に触れて結びとしたい。

そもそも、すでに述べたような先進国の事例や日本の障害者基本法等が掲げる障害をもつ人の尊厳の尊重の理念、すなわち自己決定・選択の自由の原理と社会参加の促進の原則に照らしても、意思・意見伝達のコミュニケーション手段として何を選ぶかは、障害をもつ人自身が選択、決定すべきであり、それを尊重、保障、支援するのが行政、議会の責務である。

中津川市議会が小池公夫市議の代読を認めなかった行為は、言語機能に障害をもつ小池氏を不当に差別し、その尊厳、自己決定・選択の自由を侵害するものであり、憲法第一三条、第一四条、障害者基本法、障害者自立支援法に違反し、さらに原告の議員としての参政権の侵害として憲法第一五条、第九九条、国際人権規約第二五条、障害者基本法、障害者自立支援法に違反するものである。

重ねて、代読というコミュニケーション手段を認めないことは、本人の自己決定・選択に基づく表現の自由の侵害として憲法第二一条、国際人権規約第一九条、障害者基本法、障害者自立支援法に違反するものである。

この点からすれば、小池市議自らが決定し、選択した代読を許さない中津川市議会の行為は、まさに参政権、コミュニケーション保障の両者の人権を侵害するものといわざるをえない。中津川市議会の行為は、「すべての人の参加が、民主主義の基礎であるので、特定の人を排除すると基盤が崩れる」（デンマーク全国「障害者」団体のメラー会長）、「法律を作ればよいのではなく、皆で話し合ってコンセンサスを得て解決を図る」（デンマークＡＬＳ協会）という民主主義とまったく逆方向のものである（井上「障害をもつ人々の参政権保障の国際的動向」法律時報二〇〇二年六月号を参照）。

参政権はもちろん障害をもつ人々の人権保障に司法の果たす役割は非常に大きい。とりわけ、国際人権規約の国内法への適用に、大きな期待が寄せられている。一九九八年の規約人権委員会最終報告において、日本政府に対し「裁判官、検察官、及び行政官に対し、規約上の人権についての教育が何ら用意されていないことに懸念」が表明され、このような教育を得られるようにすることが強く勧告された。さらに、「裁判官を規約の規定に習熟させるための司法上の研究会及びセミナーが開催されるべきである。委員会の一般的な性格を有する意見及び選択議定書に基づく通報に関する委員会の見解は、裁判官に提供されるべきである」と述べていることにも留意すべきである。

わが国が選択議定書を批准しているかどうかにかかわりなく、国際人権規約および規約人権委員会の意見、見解、勧告等は、人権の解釈と運用についてのグローバル・スタンダードを形成してきている。最終見解は、「基準」形成のにない手としての裁判官に寄せられる期待の大きさを示している。

2 裁判を通じた参政権保障の闘い

川崎和代（大阪夕陽丘学園短期大学）

1 障害をもつ人の選挙権保障の闘い

⦿在宅投票制度復活の闘い

（1） 在宅投票制度の推移

一九四八年、改正衆議院議員選挙法によって、障害等の理由で投票所まで行くことが困難な選挙人（「疾病、負傷、妊娠若は不具の為又は産褥にある為歩行著しく困難なもの」（第三三条））については、医師等による証明書を提出することによって、郵便による在宅投票が認められるようになり、参議院議員選挙についても、これが準用されることとなった。一方、地方選挙については、すでに一九四七年、地方自治法によって在宅投票制度が採用されていた。同制度は、一九五〇年の公職選挙法（以下、公選法という）第四九条および同施行令第五八条のもとで、同居親族による投票用紙の請求や、自書できない者については代筆をも認めたため、いっそう拡充された。

しかしこの制度は、一九五一年の統一地方選挙の際に「悪用」され、多くの「不正」投票を生み出したことから、翌年廃止され、これに代わるものとして、施設等に入院・入所している選挙人を対象とする不在者投票の制度が導入された。この結果、投票所へ行くことの困難な障害をもつ在宅の選挙人は、投票機会を失ってしまうことになった。

（2） 在宅投票制度廃止違憲訴訟

法改正により投票機会を奪われた人々は、制度復活を求めて国会への要請を続けたが、事態はいっこうに変わらなかった。そのようななか、重度障害をもつ、在宅の佐藤亭如氏が、制度廃止によって選挙権行使の機会を奪われ、投票に関し、身体上の理由で差別を受けるなど、国の日本国憲法第一三条、第一五条一項・三項、第一四条一項、第四四条、第四七条に違反する行為によって精神的苦痛を受けたとして、国家賠償請求訴訟を提起したのである。

(ア) これに対し札幌地裁小樽支部は、一九七四年一二月九日、在宅投票制度を廃止した国会の立法措置が、以下のような理由で憲法に違反するという判断を示した。

① 一部の者について、投票の機会が奪われる結果となるような立法行為は、これをやむをえないとする合理的理由の存在しない限り許されない。

② 改正法律が、在宅投票制度の「悪用」という弊害除去を目的としたことは正当であったと評価しなければならないが、民主制の根幹をなす選挙権の制約が許されるのは、「同じ立法目的を達成できるより制限的でない他の選びうる手段が存せず、もしくは利用できない場合に限られる」。

③ 「原告のような身体障害者の投票を不可能あるいは著しく困難にした国会の立法措置は、前記立法目的の達成手段としてその裁量の限度をこえ、これをやむを得ないとする合理的理由を欠く」。

(イ) ついで札幌高裁も、一九七八年五月二四日、以下のような違憲判断を示した。

憲法第一四条の定める平等原則は、身体的条件に基づく相違に応じた合理的差別扱いを命じる原理であるから、国会はすべての選挙人に対して投票の機会が確保されるようにする憲法上の立法義務を負う。したがって、障害をもつ人にも投票できるような制度を設けない、国会の立法不作為は憲法違反である。つまり高裁は、選挙権について、障害のゆえに権利を行使できない場合に、行使できるよう「合理的配慮」を行うことは憲法第一四条の要請するところであると指摘し、彼ら少数者の権利を実質的に保障しようとしない国会の不作為に、警鐘を鳴らしたのである。

(ウ) これに対し、最高裁判決（一九八五年一一月二一日）は、障害をもつ人の選挙権保障という論点には正面から答えようとせず、国会に無条件に近い立法裁量権を認めることによって、在宅投票制度廃止とその後の立法不作為を正当化し、原告の請求を棄却した。そこに示された「立法の内容が憲法の規定に違反する虞があるとしても、その故に国会議員の立法行為が直ちに違法の評価を受けるものではない」、「国会議員の立法行為は、立法の内容が憲法の一義的な文言に違反しているにもかかわらず国会があえて当該立法を行うというごとき、容易に想定しがたいような例外的な場合でない限り、（中略）違法の評価を受けない」という見解は、この後、立法不作為の違憲性を問う多くの裁判で、国側の主張の根拠となり、ほとんどの判決が引用するところとなるのである。

（3） 在宅投票制度の復活

佐藤訴訟は、まさに制度改革訴訟であった。一九七四年六月、公選法は改正され、在宅投票制度が復活することになる。

「選挙人で身体に重度の障害のあるもの（中略）の投票については、（中略）その現在する場所において投票用紙に投票の記載をし、これを郵送する方法により行わせることができる」（第四九条二項）という、郵便投票制度がそれである。

しかしこの制度を利用できるのは、歩行困難な重度の障害をもつ人に限られているため、実際には利用したくてもできない人は相当な数にのぼると指摘されていた。また制度を利用するためには、煩雑な手続きが必要なことから、対象者にとって必ずしも利用しやすい制度とはいいがたい。

⦿在宅代理投票を求める闘い

（1）　在宅投票制度利用の要件

制度復活にあたり、かつてのような「不正」投票を防止する目的から、公選法では、対象者を歩行困難な重度の障害をもつ人に限定し、しかも自書を要件とした。

一九九八年当時、郵便による在宅投票ができるのは、身体障害者手帳または戦傷病者手帳の交付を受けている選挙人のうち、両下肢、体幹、移動機能障害の程度が一級および二級の人、心臓等内部機能障害の程度が一級または三級の人とされていた。したがって身体障害者手帳を持たない人はもちろん対象外であるし、重度の視力障害があるために外出が困難な人も、精神障害等のために「ひきこもり」状態にある人も、投票所へ行くことが不可能な障害をもつとは認められず、たとえ郵便投票利用該当者であっても、点字や代筆での郵便投票は認められないという厳格な制度であった。

（2）　ＡＬＳ患者の闘い

このような不合理を一部解消するきっかけとなったのは、ＡＬＳ（筋萎縮性側索硬化症）患者の、選挙を通じての社会参加、という思いであった。この裁判の原告らは、四肢体幹機能障害等により、身体障害一級の認定を受けており、自書することはできないが、特殊なパソコンや文字盤を利用するなどして、その意思を表明することも、選挙において候補者を選択することも可能であった。しかしＡＬＳの進行により、人工呼吸器による呼吸管理が生命維持にとって不可欠な状態となったため、投票所へ行くことは生命の危険を伴い、在宅での代理投票以外に、選挙権を行使する手段は存在しなかった。

ところで、公選法によれば、「身体の故障及び文盲により、自ら当該選挙の候補者の氏名を記載することのできない選挙人」については、投票所まで行けば、「投票管理者に申請し、代理投票をさせることができる」（第四八条一項）し、都道府県の選挙管理委員会が指定する病院や施設等に入院もしくは入所中の場合にも、「不在者投票管理者」（施設の長）の管理のもとに代理投票をすることが認められている（第四九条一項、公選法施行令第五五条二項・三項、第五六条四項）。つまり、自書することが不可能であっても、投票所まで行くか、指定病院等に入院等をしていれば、その場所で代理投票により選挙権を行使できるのに、原告らのような在宅患者の場合には、選挙権を行使する方法が皆無だったのである。

（3）　東京地裁判決と在宅代理投票の実現

二〇〇二年一一月二八日、東京地裁は、自書を条件とする在宅投票制度を維持することについて以下のような判断を示した。

まず、どのような投票制度を設けるか、という点については、「投票のために生命を危険にさらさなければならない選挙人が存在する場合は、（中略）その選挙人から身体的条件によって選挙権行使の機会を奪うものというほかなく、そのような選挙人が選挙権を行使できる投票制度を設けるか否か（中略）の判断が国会の裁量に任されており、そのような選挙人が選挙権を行使できるような投票制度を設けなくても違憲の問題は生じないと解することはできない」として、国会の裁量権に一定の制約を加えた。そのうえで、歩くことも自書することも不可能な選挙人に対しては、「選挙権行使の機会を保障するための制度を設けることが憲法上要請されている」のであって、「身体的条件によって選挙権行使の機会を奪うことになってもやむを得ないと判断される」ような事情が存在しない以上、「公職選挙法に原告らが選挙権を行使できるような投票制度が設けられていなかったことは、憲法に違反していた」と判示したのである。

また、この判決によれば、現行制度を維持する以外に不正投票を防止する方法が存在しないとするのであれば、そのことを国が立証しなければならない、と指摘されている。障害をもつ人の選挙権保障について、この判決の意義は非常に大きいといわねばならない。

これを受け、二〇〇四年三月、公選法は一部改正された。現在、身体障害者手帳を交付されている人のうち郵便投票の対象となるのは、両下肢、体幹、移動機能の障害が一級もしくは二級、心臓、腎臓、呼吸器、膀胱、直腸、小腸の障害が一級もしくは三級、免疫の障害が一級から三級の障害程度に該当する選挙人だけであるが、そのうち、上肢もしくは視覚に一級の障害がある人については代理記載可能となった。また「介護保険の被保険者証」の交付を受けている人のうち、「要介護五」の高齢者についても郵便投票が認められるようになった。

しかし拡充されたとはいえ、障害認定を受けていない人、所定の障害に該当しない人は、投票所まで行くことができなくても郵便投票の対象者とはならないし、初めて介護保険法に基づいて認められた最重度の要介護者については、代理記載が認められていないなど、依然として障害をもつ多くの人たちが制度の枠外に放置されたままになっているのである。

⊙在宅投票制度拡充の闘い

(1) 精神的理由による投票困難者の闘い

二〇〇〇年三月、不安神経症と診断された知的障害をもつ青年は、家庭内では精神的に安定しているが、知らない人の訪問に対しては、恐怖心から体を硬直させ、パニックを引き起こすなど、著しい精神症状を示すため、外出の際には、人に会わないよう注意しながら、両親が両脇を抱え、引きずるようにして車に乗せていた。

そのような状況のなか、二〇歳になった彼は、選挙に強い関心を示し、在宅での投票を希望したが、郵便投票を利用できる障害に該当しないことから投票できず、国家賠償請求訴訟を提起するに至った。

二〇〇三年二月一〇日の大阪地裁判決は、彼が「一般的な投票所における通常の投票を行うことは事実上極めて困難な状況にある」ことを認めている。さらに、これまでの国会における審議から在宅投票制度の問題点はすでに明らかになっていること、投票所に行けないために選挙権を行使することが困難になっている人の数は増加傾向にあり、その権利行使のための制度確立の要請が一段と高まっていること、障害をもつ人に対する権利保護の要請は国際的潮流であること、外国では種々の投票制度が採用されていること等からみれば、現行の郵便投票制度は、憲法の趣旨に照らして必ずしも完全なものとはいえないから、制度改善の必要があることも認めている。

しかし同時に判決は、公正の確保や秘密の保持等管理執行上の必要性を、選挙権と同等の考慮すべき価値としてあげ、対象者の範囲や要件等の具体的決定は国会の裁量に委ねられているから、原告のような障害をもつ人に対して、在宅投票制度を設けていなくても違憲・違法ではないという判断を示した。

二〇〇四年九月一六日の控訴審判決では、「憲法一四条一項は法的取扱の不平等の禁止という消極的な意味をもつものに過ぎず、実質的平等を保障したものではない」とし、「控訴人のような不安神経症等の障害を有する選挙人に対して、憲法が、郵便投票等の特別の投票方法を定める旨の具体的規定を含む立法をするよう命じていると解することができないから」、「自宅等に在る疾病等の選挙人に郵便による不在者投票を認めないという区別をしても、そのことは、選挙の自由・公正を期し投票の秘密保持を図るという正当な目的に合理的に関連するものというべきであるから、憲法一四条一項に違反するものではない」とされている。

（2） 上告審判決の意義

二〇〇六年七月一三日、最高裁第一小法廷は本件上告を棄却したが、前年九月一四日に最高裁大法廷が、在外投票を制限する公選法の規定について違憲と判示した影響もあってか、これまでの立法裁量論に一石を投じる、以下のような考え方が示されていた。

(ア) 精神的原因によって、投票所に行けない場合も、そのような制限をしなければ選挙の公正を確保しつつ選挙権の行使を認めることが、事実上不可能ないし著しく困難になるのでなければ、国には、選挙権行使のための所要の措置をとるべき責務がある。

(イ) しかし精神的原因による投票困難者は、その困難性を既存の公的制度によって判定することが困難である。

(ウ) 精神的原因による投票困難者の選挙権の行使については、立法課題として取り上げられる契機があったとは認められず、今後国会において十分検討されるべきであるが、本件立法不作為は国家賠償法上違法とはいえない。

また、泉徳治裁判官は、補足意見として、公選法の憲法適合性について次のように述べている。

(ア) 公選法上、郵便投票利用対象者は限定されており、歩行・外出がきわめて困難なもの一般が適用対象とされているわけではない。にもかかわらず、そのような投票困難者に対し、投票所における投票しか認めないとすれば、事実上その選挙権の行使を制限するに等しい。したがって、精神的原因による投票困難者に対しては、郵便投票を認めるか、在宅のまま投票できる他の方法を講じない限り、選挙権の行使を保障したことにはならない。

(イ) 投票所へ行くことの困難性を判定することは、困難ではあっても、不可能なわけではなく、そのような障害がある人に対し、郵便投票を認めず、その他の可能な在宅投票の方法も講じていない公選法は、「憲法の平等な選挙権の保障の要求に反する状態にあるといわざるを得ない」。

⦿小括

障害をもつ人に対する投票制度改革のテンポはあまりにも遅い。民主主義も選挙の管理執行能力も未成熟であった六〇年前の日本で起こった「不正」投票という亡霊に、今もとりつかれているのであろうか。当時とは比較にならないほど改善された選挙管理能力ある行政により執行され、国民主権の意義が浸透した日本において、同じような単純ミスや真の意味での不正投票が同程度の規模で生じるとは考えがたい。国会が、障害ある人に投票の機会を等しく保障する制度を速やかに作ることは、憲法のみならず、「障害のある人の権利条約」からの要請でもある。

2 障害をもつ人の選挙運動の自由を求める闘い

一九八〇年衆参同日選挙の際、公示後に近隣九件に配布された後援会加入申込書等が、公選法第一四二条一項、第一四三条一項により禁止されている選挙運動用文書頒布にあたるとして、玉野ふい氏は起訴された。これが「玉野事件」である。

彼女は、一九五八年、「下口唇・舌尖部の腫瘤による言語障害四級」と認定され、数年後に腫瘤の除去等の手術を受けたが、痛みも癒えず、咀嚼・嚥下障害をも伴うようになった。さらに手術で顎の骨をとっているため、頬や唇や顎が垂れ下がり、常時マスクをして引っ張り上げていなければならないような状態となった。言語障害のある人がさらにマスクを通して話すことが、コミュニケーションの障害を増幅させたことは想像に難くない。輸血による肝機能障害と絶えることのない頬の痛みに苦しみながら、なぜ彼女は選挙運動をしたのか。彼女の陳述書によれば、「生きていても何の喜びもなく、幾度も死を考えた生活を送ってきました。そうした時、○○さんと出会ったのです。（中略）話を聞いているうちに、今までになかった情熱がわいてきました。（中略）自分も○○さんのように生きたい、ちょっとでもみんなのために役にたてたらと思い、自分の残された人生を精いっぱいがんばろう（中略）とおもったのです」。

一九八六年二月二四日、和歌山地裁御坊支部では公選法の文書規制は合憲であり、玉野氏の行為は公選法に違反する、という従来と変わらぬ判断が示された。

しかし大阪高裁に舞台が移ってからは、自由な文書配布を規制する公選法は、言語障害のある人から選挙運動の手段を奪うものであり、玉野氏の行為に対し公選法を適用することは違憲である、という主張が展開された。

玉野氏の障害は、一般的な会話であっても聞き取りにくく、裁判所の書記官でさえ、「○○○聞き取り不能○○○」と記録せざるをえない状態であった。しかも氏は、一歳前後で発症した静脈血管腫による頬の赤あざと極度の貧困家庭に育ったという生い立ちから、小学校教育もほとんど受けることがないまま、漢字を書く能力も十分とはいえなかった。そのような状況にある彼女が選挙運動をしようとすれば、文書を配布する以外手段がなかったのである。

一九九一年七月一二日、大阪高裁は、「言語障害者が街頭における個々面接と電話による投票依頼を単独で行うことは事実上不可能」で、「選挙運動に関し言語障害者と健常者との間に実質的不平等が存することは否めない」と認めながら、「個々面接の際に筆談によって投票を依頼することは可能であり」、また電話での投票依頼については、「健常者とともに行うことができる」のであって、個々面接や電話による選挙運動の自由がまったく奪われているわけではないので、言語障害のある人に公選法の文書規制規定を適用することは違憲ではないし、逆に言語障害をもつ人にだけ、自由な文書配布を認めるとすれば、「健常者との権衡を失する」と判示した。

また、玉野氏の障害については、「聞き手が十分な注意を払えば理解可能な程度の一応の言語表現能力を有していた」ものと認め、個々面接による選挙運動が不可能だとはいえず、また「健常者とともに」選挙運動を行うことも考えられることから、公選法の同規定を玉野氏に適用しても違憲とはいえないと結論づけた。また貧困と障害に起因する識字能力の不足については、「文字を十分に学習していないため筆談もできないことがあっても、それは社会のあらゆる場面に存在する種々な能力差によって受ける類の不利益の一つである」から、法的問題ではないとしている。

その後玉野氏が上告審半ばの一九九三年に死亡したため、コミュニケーションに障害をもつ人たちの選挙運動への参加の道が最高裁によって開かれることに一縷の望みを託していた人々の思いは実を結ぶことはなかった。しかし玉野事件は、これまで選挙運動は公選法の定めたルールのなかで行うことが「公正」である、とされていた考え方に対し、そのルール次第では、障害をもつ人を選挙運動から排除するものであるという事実を浮き彫りにし、公選法の問題点をよりいっそう明確にしたという意義を有している。

3　障害をもつ議員の参政権保障の闘い

⦿障害をもつ議員の現状とバリア

近年地方議会において、障害をもつ議員の数は少し増えてきたが、その総数はきわめて少ない。障害をもつ人が自ら国民（住民）の意思を具体化するために立候補し、議員として活動しようと思うとき、そこに立ちはだかるバリアは決して低くない。候補者として選挙運動をするに際しても、移動に障害がある場合やコミュニケーションに障害があることで、十分な活動ができないことは否定できない。しかし障害があるからこそ、均一化された社会に埋没させられている少数者の声を政治に反映させたいという思いを強くする者も少なくはない。

議員とは、政治に直接参加し、住民の意思を具体化する存在、すなわち政治的意思決定過程の重要かつ最終段階に位置するものである。そのような存在である議員が、議会において参政権保障を求めなければならないとすれば、そのような状況を生み出した議会は、政治的に少数派の排除を意図しているか、さもなくば議員の憲法上の地位の重要性を認識できない未成熟な議会である、と評価されてもやむをえまい。

たとえいかなる障害をもとうとも、住民の負託を得た議員には、議会活動への完全参加を保障するための合理的配慮がなされなければならない。その議員が活動するためには、どのような人的物的補助手段が必要とされるのか、当該議員と相談しながら決定される必要がある。「障害をもつ人の権利条約」制定の過程で繰り返し言われた、「私たちのいないところで私たちのことを決めないで」というスローガンは、議会という社会にあっては、「障害当事者たる議員の意見を聞かないで、当事者に関することを決めないで」ということになろう。視覚障害のある議員であれば、資料を点字訳するのか音声訳するのか、あるいは拡大読書器やパソコンを持ち込むのか、いずれにしても当事者が最もやりやすい方法が保障されるべきである。聴覚に障害をもつ議員であれば、手話通訳者と同時に要約筆記者をも配置しなければ、議会に完全参加できないということは、長野県白馬村の議員が実際に活動して初めて認識したところであった。障害ある議員が、政治活動に完全参加できる環境整備をすることは、議員個人に対してのみならず住民に対する議会の責務なのである。

⊙発声障害をもつ議員の闘い

(1) 「発言は口頭が原則」というバリア

二〇〇二年、中津川市議会議員の小池公夫氏は、任期満了近くに、下咽頭ガンの手術により発声機能を喪失したが、その後「食道発声」の訓練を受けながら、家族らの代読による選挙運動を行い、翌年四月二期目の当選を果たした。しかし「食道発声」による音声では、議会活動が困難であることから、議会において「代読」による発言を認めるよう議会運営委員会(以下、議運という)に申し入れた。しかし、第三者による代読は地方自治法違反であるという根拠のない発言や、「自分の都合で発言できない場合は放棄してもらわないといけない」という発言等、発声障害のある人は議員になるなといわんばかりの意見が飛び交い、議会としては結局、「発言は肉声が原則」であるので「治療に専念」し、「声を出すことに最大限努力してもらうことにして、具体的にどうしていくか時間をかけて考えていきたい」として、代読による発言を認めなかった。

同時に小池議員は、委員会での緊急性ある発言について、ホワイトボードの使用を求めたが、これについても「議運のなかで、早く声を取り戻す努力をしてほしい、ボードも代弁もだめだということで議論が尽くされ結論が出ている」として、却下された。

（2）パソコンによる「発言保障」と自助努力の強制

一年以上も議員が発言できないという異常な事態を知った市民は、議会に陳情書を提出して事態の打開を図ろうとした。これに対し議運は、二〇〇四年九月、「本会議場への音声変換機能付きパソコンの持込みを認める」という回答を示した。

その審議のなかでも、「議会は、本来、自分の声で議論する場」であるから、「異例の取扱となるので（中略）、努力によるパソコンの音声変換という発言については認めていきたい」との意見に代表されるような、「自助努力」という言葉が繰り返し各会派代表から出されるのである。そこには、当事者の希望する代読について審議する雰囲気はみじんもなく、傍聴している小池議員をことさらに無視して議論は進められていった。

パソコンを使用した経験のない小池議員に対し、パソコン操作ができるようになる「自助努力」をするのであれば、「発言は口頭」という原則を譲って、パソコンの持ち込みを承認してやろう、これによって発声障害ある議員の参政権を保障した、というつもりなのであろう。

後に当時の議運委員長は、「小池さんはパソコンができると思っていた」（二〇一〇年三月二四日第一八回口頭弁論）と証言したが、議運の会議録を見る限り、そのように解する余地はなく、パソコンが使えるようになる自助努力を前提に、パソコンの持ち込みを決定したことは明らかである。

（3）人権擁護委員会の勧告と議会の対応

二〇〇五年一一月一九日、岐阜県弁護士会人権擁護委員会が、中津川市議会の対応は憲法違反であり、小池議員の発言については、議会職員の代読という方法を認めるように、という勧告を出したが、議運はあくまでパソコン入力に固執し、やはり小池議員の意見を聞くことなく、「一般質問については、パソコンにより、再質問については議会職員の代読による」という提案がなされ、なし崩し的に合意されていった。これに対し、小池議員は勧告に従った対応を求め、発言通告書を提出し続けたが、パソコンを用いないということを理由に、受理されることはなかった。そして残された任期が半年を切った一二月議会において、小池議員所属会派が提出した「代読発言を承認する決議」が反対多数で否決されるにおよび、提訴するに至ったのである。

(4) 中津川市議会における差別の構造

本件は、「パソコンによる発言」と「代読による発言」を双方が主張し、「代読発言」を認められなかった小池議員が司法に救済を求めた事件にすぎないようにみえるかもしれない。しかし決してそうではない。本件は、人間としての尊厳を踏みにじる行為を「合理的配慮」と確信している議会が、「民主主義」の衣をまとって引き起こした問題であるということに気づかねばならない。つまりこの事件は、障害ゆえに議会活動に完全参加できない議員に対し、少しずつ譲歩したかの体を示しながら、「温情」として押しつけられた障害補助手段を拒否し、自ら選択した方法によって政治活動をしたいと思った当事者を、一貫して排除し続け孤立させた差別事件なのである。

(ア) 発声障害のある人の排除

「発言は口頭が原則」という中津川市議会の主張には、なんら法的根拠はない。会議規則にも、「口頭が原則」という規定は存在しない。それは単に、障害をもたない抽象的な人間、差異をもたないことを前提とした人間が、「文書発言」に比し、議会での議論に適している口頭発言を無意識的かつ当然に行ってきたために、規則化する必要性さえ感じなかったからにすぎない。

そこに一人の発声障害をもつ議員が加わり、異なる発言方法を希望した。つまり均一化された社会に異なる者として存在し、異なる存在に適合的な活動スタイルとしての代読発言を認めるよう求めたのである。その場合、議会に異なる者を排除する意思がないとすれば、なすべきことは、実現可能な複数の選択肢を提示し、当事者の希望する代読の弊害についても説明し、当事者が最終的に選択するために必要なあらゆる情報を提供することである。しかし議会は、代読の弊害を説明しないだけでなく、複数の選択肢も提示しなければ、当事者の参加も認めず、「読み間違いの心配もなく、代読する職員の精神的負担もないパソコンを使用することこそ、障害者の自立した姿である」という「初めにパソコンありき」と思わざるをえないような理由をあげて、議員の希望する代読という発言方法を否定した。

中津川市議会は最初、「治療に専念して声を取りもどす努力をするよう」求めた。つまり障害そのものを克服して、彼以外の全議員と同一になることを、発言するためのバリアとして設定したのである。その後市民からの批判を受けてもなお、あえてパソコンというバリアを設け、最終的に前述のとおり、「一般質問はパソコンで、再質問は職員代読の方法による」と、当事者抜きで決定し、押しつけたのである。そこには障害当事者の多様な方法によるコミュニケーション保障という観点は、みじんもみられない。声を出すことに何の努力もいらない人々が、発声障害ある人間に発声の努力と障害克服の努力を求め、自由に発声できる議員たちだけで発声できない議員の発言方法を決定し、押しつけているにもかかわらず、あくまで、「多数決で（しかも所属会派の代表まで賛成し）民主的に決定した方法だけが正当である」という姿勢を崩していない。そしてこれら一連の行為は、排除と孤立化を図るための布石であった。

むしろここで看過してはならないことは、中津川市議会の差別の悪質性が、障害当事者の意見をまったく聴取することなく発言方法を決定し、押しつけてきたというところにとどまるわけではないという点である。「一般質問はパソコンで、再質問は代読で」というルールは、「パソコンと代読の折衷案」ではなく、パソコンを使用しない限り、代読発言はできないしくみになっており、「パソコンを使用しない限り発言させない」という議会の姿勢に、変化はまったくみられないのである。にもかかわらず、代読発言が一部可能になったかのごとくみせることによって、「発言できるようにしてやったのに、パソコン使用を拒否して代読だけにこだわる小池議員」というイメージを作り上げていった。その行為の悪質性は、「異なるものとして生き、異なるものとして政治活動をしようとする議員」の周りに、「障害者わがまま論」を醸成させていき、障害をもつ人一般に、「最終的に政治活動ができるのであれば、押しつけられたルールに納得できなくても、甘受しなければならない。障害をもつということは、表現手段を自ら選択することが許されないことなのだ」というあきらめとみじめさを思い知らしめた、という点にある。

(イ) 自己決定と人間の尊厳

ではなぜ小池議員は、パソコンの使用を拒否し、代読という手段を選択し続けたのか。そこには、単に彼がパソコン弱者であるということだけでは説明しきれないものがあるように思われる。彼はがんの告知を受けたとき、「生命の維持か、声の喪失か」という選択を迫られ、発声できない人間として生きることを決意した。それは、他者と「異なる存在」として生きる決意をしたことを意味する。そして彼は、代読による選挙運動を行い、代読こそが最も自分らしい活動スタイルであるとの確信を得たのであろう。

それに対し、「パソコンの声なら小池議員の声として認めよう」という議運の考え方は、「発言は口頭(肉声)が原則」という、発声できる人を前提とした理屈の延長上にある。だからこそ「パソコンによる発言に限る」という議会の一連の対応は、発声できない人間として生きるという、彼の生き方そのものを否定するものとして、許しがたいものになっていったのではなかろうか。

議会がそれでもなお、障害をあるがままに受け入れて、障害当事者の最も活動しやすいと考えて選択した代読発言を否定し、「パソコンによる発言以外は認められない」と主張するのであれば、他市で問題なく実施されている「代読発言」であっても、中津川市では格別かつ重大な弊害を引き起こす可能性がきわめて高く、かつその弊害は回復不可能なものであるということを、議会自身が立証し、説明するべきである。合理的理由が説明されない限り、小池議員が「代読発言」の要望を撤回することは、人間の尊厳をかけてありえないことである。なぜなら声を喪失した議員が、他の議員と異なる存在であることを前提として考えついた異なる発言スタイルを否定することは、異なる存在として生きることを評価しないということであり、彼を個人として尊重しないことを意味するからである。

政治に参加するという憲法上あまりに当然な権利が、「議会ルール」という形をとりつつ個人をターゲットとして制約されているという事態は、単に「職員が原稿を入力し、パソコンが正確に発言してくれる」ということで解決されたことにはならない。コミュニケーションの障害は、議員にとって致命的ともいえるハンディキャップである。障害がないことを前提に築き上げられてきた議会に、障害ある議員が完全参加し、誇りをもって活動するためには、「異なる者であることを承認させる権利」、「政治活動の質の向上を要求する権利」が認められるべきである。それが「個人として尊重される」という憲法第一三条の趣旨であり、その前提となるのが自己決定権であることはいうまでもない。

◉結びに代えて

本件は、二〇一〇年五月二六日に結審し、同年九月二二日に岐阜地裁の判決が出された。それに対し、原告と被告の中津川市の双方が控訴し、闘いの舞台は名古屋高裁に移った。時間および紙数の関係で、本稿では判決批判はもちろん、そもそも法的論点に深く触れることができなかったが、最後に簡単に言及しておきたい。

本件被告は、一二月議会において代読発言を求める議決に反対した二八名の議員と中津川市である。しかし被告らの加害行為は、反対票を投じたことだけにあるわけではなく、小池議員が当選したときから引退するまでの四年にわたる一連の一貫した発言妨害行為にある。原告は、これらの行為によって、表現の自由、参政権および人格権を侵害されたばかりか、障害を理由に差別的取り扱いを受け続けた。

本件は、議会という自律的組織のなかで起こった事件であるが、議会の自律性を理由に司法審査を回避することは、原告の侵害された権利の内容と質から許されないというべきである。また、国会議員に認められている免責特権が、地方議員に当然に認められるわけではないということも、学説や判例と矛盾するものではない。

したがって四年にわたる議会の発言妨害は、発声障害を理由とした差別であり、「異なる議員として存在し、異なる手段で政治活動することを否定する」、すなわち「個人の尊厳を傷つける」悪意に満ちた行為は、日本国憲法第一三条、第一四条一項、第二一条一項に違反し、住民意思を議会に反映させるべき市議会議員の活動を妨害した行為は、第九二条、第九三条に違反し、国家賠償法上違法であるといわざるをえない。

岐阜地裁判決は、「原告は、表現の自由や自己決定権（障害補助手段選択の自由を含む。）を有するものと解される」としながら、障害ゆえに参政権を侵害された期間を、自ら入力することを強制された一年余りに限定した。本判決の評論については、他日を期したい。

【参考文献】
奥平康弘「The Right to Be Different」全国憲法研究会編『憲法問題〔21〕』三省堂、二〇一〇年
川崎和代「在宅投票制度と立法不作為」大阪夕陽丘学園短期大学紀要第四五号、二〇〇一年
――『障害をもつ人の参政権保障をもとめて』かもがわ出版、二〇〇六年
――「議員活動における『障害者の完全参加と平等』」法律時報第八一巻四号、二〇〇九年
――「障害者の参政権保障―発声障害をもつ議員の発言保障をめぐって」法律時報第七八巻一一号、二〇〇六年
玉野事件弁護団ほか「言語障害者の参政権保障を求めて―玉野裁判上告趣意書」一九九二年
『障害者権利条約で社会を変えたい』福祉新聞社、二〇〇八年
松井亮輔・川島聡編『概説　障害者権利条約』法律文化社、二〇一〇年

コラム9

なぜ、代読裁判をしたか

中津川元市議会議員　小池公夫

私は、下咽頭ガンで声帯をとって声が出なくなったので、年五回開かれる議会での代読発言をお願いしましたが、「なぜ代読がダメなのか」理由もなく認められませんでした。また、市民から選ばれた議員として議会が開かれる度に発言通告書を議長に提出し、発言を求め続けてきましたが、何の根拠もなく受け取りを拒否され、四年以上にわたって一度も発言する機会を与えられませんでした。

私が議員になってはじめての一般質問に対して、議長が発言内容を事前にチェックし、「市長を刺激しないように」と言われました。以後、私の発言内容に対して他会派から緊急動議が出され、訂正や議事録からの削除を求められることがしばしばありました。

議会は、声が出なくなったことをこれ幸いとばかりに私の発言を封じようとしてきました。「声が出るようになるまで治療に専念しなさい」と多数の力で病人にされ、約一年半、発言方法を検討することもなく放置されました。また「おれだったら議員をやめる」「議会での発言だけが議員活動でない」などと議員をやめろ！と言わんばかりの発言が議会運営委員会という場で公然と飛び交い、私の意見や希望は一切聞いてもらえませんでした。「お恵みをあり

がたく受けとめろ。そうでなければ議員になるな」「障害者は邪魔者」という差別意識が政党に関係なく根強く残っていることを実感させられ、怒りとくやしい思いの毎日でした。しかもこのような障害のある人への差別、いじめを批判し、糾弾する議員が一人もいないことに何ともなさけない気持ちでいました。

私がこの三年間裁判で訴えてきたことは、障害のある人が自由に自分らしくあろうとすることを許さない貧しい日本の現実です。障害のない者がかつての私もそうであったようにほとんど自覚することなく行使している自由が、障害があるがゆえに奪われることに対する怒りです。障害のある人は、社会を担う主権者として生きていけない、という現実への怒りです。

3 障害のある人の参政権保障と権利条約

山本　忠（立命館大学）

1　参政権とは

参政権とは、国民が政治に参加する権利であり、基本的人権の一種であると理解されている。日本国憲法前文に明確にうたわれている国民主権の基本原理に基づくものであり、近代立憲主義憲法においてあまねく保障されているように、民主政国家における重要な権利である。日本国憲法は、具体的な参政権行使の制度として、国民の公務員選定・罷免権を規定している（憲法第一五条）。しかし、すべての公務員を実際に選定・罷免することは不可能であるため、国会議員および地方公共団体の長と議員の選定権（憲法第四三条、第九三条二項）、最高裁判所裁判官の国民審査（憲法第七九条二項）、地方公共団体の長と議員などの解職請求（地方自治法第八〇条、第八一条）を認め、他の公務員は議会または行政府によって選ばれることにしている。このように参政権行使が憲法と法律によって制度的に保障されているが、これ以外の政治参加の方法もできないわけではない。表現の自由（憲法第二一条）などによって保障されている市民運動などの非制度的な政治運動によって参政権を行使することも可能である（金子宏他編著『法律学小辞典〔新版〕』有斐閣、一九九四年、参照）。

以上のように、今日の参政権はかなり広い意味での国民の政治参加の権利を意味するものとして理解されており、選挙権（投票権）に限定されるものではない。したがって、障害のある人の参政権保障について考える際にも、そのことを念頭において多面的・総合的な考察が必要である。しかし、参政権保障のあらゆる場面の問題について検討することは紙幅の都合上できないため、ここでは最も狭義の選挙権行使の場面を中心に検討していくことにする。

2 選挙権（投票権）に関する憲法上の原則

日本国憲法は、前文で国民主権原理を確認したうえで、第一五条一項で「公務員を選定し、及びこれを罷免することは、国民固有の権利である」と規定している。そして同条三項で、公務員を選定・罷免する方法として「成年者による普通選挙」を保障するものとしている。

ここでいう普通選挙とは、資産や納税額といった財力や、教育歴、性別などを選挙人資格の要件とはしないということを意味する。逆に、それらを要件とする制度は制限選挙と呼ばれる。一般的には、一九二五年に日本で初めて普通選挙が実現したとされるが、それは二五歳以上の男子にのみ選挙権を認めるものであった。第二次世界大戦後は婦人参政権も含むものと理解されるようになっており、その意味では一九四五年の衆議院選挙法によってようやく普通選挙が実現したといえる。いずれにせよ、現代の普通選挙の意義は、すべての成年に達した国民に対して選挙権・被選挙権の資格を平等に付与していることにある。すなわち、このことは、知的能力等によっても差別されずに平等な選挙人資格を有するということでもあり、知的障害のある人の参政権の根拠を考えるうえで重要な点である。

このことを具体的に定めているのが憲法第四四条であり、「両議院の議員及びその選挙人の資格は、法律でこれを定める。但し、人種、信条、性別、社会的身分、門地、教育、財産又は収入によつて差別してはならない」と規定されている。すべての国民が平等な選挙権を有する平等選挙原則のもとでは、一人で複数の投票権をもつような複数選挙や、選挙人を特定の等級に分け、等級ごとに代表者を選出するような等級選挙は否定される。選挙人一人あたりの選挙権の価値は平等でなければならない（選挙権の数的平等の原則）。また現在では選挙区ごとの議員定数の不均衡が問題とされているように、価値的平等の要請をも含むものと理解されている。

その他の選挙権に関する原則としては、秘密選挙（社会的に弱い地位にある者の自由な投票を確保）、自由選挙（棄権しても制裁を受けない）、直接選挙（選挙人が公務員を直接選挙する）がある（芦部信喜著・高橋和之補訂『憲法〔第四版〕』岩波書店、二〇〇七年）。

これらの原則を障害のある人について具体的に考えてみた場合、たとえば、視覚障害のある人が点字投票をするとき、あるいは自書できない人が代理投票してもらうとき、彼らの投票の秘密が守られているといえるのか、といった問題が指摘されている（障害種別ごとの具体的な問題については、本書のフィールドIを参照のこと）。

3　公職選挙法上の投票関連規定

⦿障害のある人の投票方法

以上のような憲法上の投票原則をふまえて、さらに具体的な投票方法を定めているのが公職選挙法（以下、公選法という）である。公選法には以下のような投票方法が規定されている。

・投票主義（第三五条）　・一人一票主義（第三六条）　・選挙当日投票所投票主義（第四四条）
・単記自書投票主義（第四六条）　・秘密投票主義（第四六条四項、第五二条）

このように公選法上の投票方法に関する原則は、選挙当日に投票所において候補者の名前を自書した投票用紙を投票するというものである。しかし、これらの投票方法によりがたい場合に、原則の例外として設けられているのが以下のような投票方法である。

・地方議会議員または長の選挙の記号式投票（第四六条の二）　・点字投票（第四七条）
・代理投票（第四八条）　・期日前投票（第四八条の二）　・不在者投票（第四九条）
・在外投票（第四九条の二）

障害のある人々は、これらの投票方法を利用することによって、投票権行使が可能になる場合もある。しかし、これらの例外的投票方法は、公正の確保という建て前から利用対象者が厳格に制限されているため、希望する人全員が自由に利用できるものではない。

たとえば、在宅投票制度については、別表（章末）に障害のある人に関わる日本の選挙制度の歴史的変遷をまとめたように、一九五一年の統一地方選挙で大量に不正利用が行われた事件を契機に翌五二年に廃止され、三〇〇万人ともいわれていた制度対象者がこの制度を利用できなくなってしまった。

◉復活した在宅投票制度

これに対し、在宅投票制度の復活を求める声は年々大きくなり、特に制度廃止によって投票機会を完全に奪われてしまった重度の身体障害をもつ人が起こした国家賠償訴訟は世論を動かし、制度復活の契機となった（フィールドⅢの2参照）。一九七四年一二月九日の札幌地裁小樽支部判決は、原告のような在宅の重度身体障害をもつ人から投票権を剝奪した国会の立法措置は違憲であると断じている。また、制度が復活しても利用対象は重度の身体障害をもつ人の一部に限定されており、しかも自書を条件としていたことから、郵便による点字投票も代理投票も認められてこなかった。

そこで、全身性の身体障害であるＡＬＳ（筋萎縮性側索硬化症）患者が、自書できない重度の身体障害をもつ人から投票権を奪っている現行在宅投票制度は違憲であるという訴訟を提起した。二〇〇二年一一月二八日の東京地裁判決は、生命をかけて投票所まで行かなければ代理投票を利用できない状態は違憲であると断じている。この判決を受けた二〇〇三年の公選法の改正によって代理記載による郵便投票制度が導入されることになるが、かなり重度の歩行困難者（上肢・視覚障害一級の者が対象）が制度対象の中心であることに変わりがなかった。

4 ＷＨＯの障害概念と公職選挙法

◉これまでの障害の見方と福祉法制

日本の公選法は「日本国憲法の精神に則り、衆議院議員、参議院議員並びに地方公共団体の議会の議員及び長を公選する選挙制度を確立し、その選挙が選挙人の自由に表明せる意思によつて公明且つ適正に行われることを確保し、もつて民主政治の健全な発達を期することを目的とする」（第一条）と法の目的を規定している。このように、本来は民主政治の健全な発達を期することが目的で、公明かつ適正な選挙の実現が手段であったはずである。しかし、実際には世界でも例のないほどに規制の多い「べからず選挙法」になっており、日本の民主主義の健全な発達を阻害する要因となっている。多くの規制規定は、障害のある人々を念頭におかないで作成されており、選挙活動を原則禁止したうえで、個別の対象ごとに限定してその規制を解除するという構造になっている。したがって、先にみたように在宅投票制度が存在するにもかかわらず、多くの障害のある人々は利用できないままでいる。

このような機能障害ごとに制度の利用対象を制限するという発想は、身体障害者福祉法が制定された一九四七年当時の財政的制約の多かった時代のものである。しかし、日本では社会保障・社会福祉予算は経済成長の足枷《かせ》・重荷にすぎないと位置づけられてきたため、先進国のなかでも低レベルの社会保障支出に抑えられてきた。そのこともあり、多くの障害者福祉法制においては、特定の機能障害別に対象者を限定して社会保障・社会福祉給付を提供するという構造になっている。障害を「医学モデル」的に捉えるという発想が、日本の障害者福祉法制に根強く残ってきた背景には、日本政府が長年とってきた低福祉政策がある。

◉新しい障害概念＝「人間と環境の相互作用モデル」

国際的な障害概念の理解については、今から約三〇年前の一九八〇年に世界保健機構（ＷＨＯ）が「国際障害分類」（ICIDH = International Classification of Impairments, Disabilities and Handicaps）を採択しているように、機能障害（impairment、心理的、生理的、解剖的な構造または機能の何らかの喪失または異常）のみに着目するのではなく、能力低下（disability、人間として正常とみなされる方法や範囲で活動していく能力の〔機能障害に起因して起こる〕何らかの制限や欠如）や社会的不利（handicap、機能低下や能力低下の結果として、その個人に生じた不利益であって、その個人にとって正常な役割〔年齢、性別、社会文化的など〕を果たすことが制限されたり妨げられたりすること）という三つの次元から構造

図　ICFの各次元の相互作用

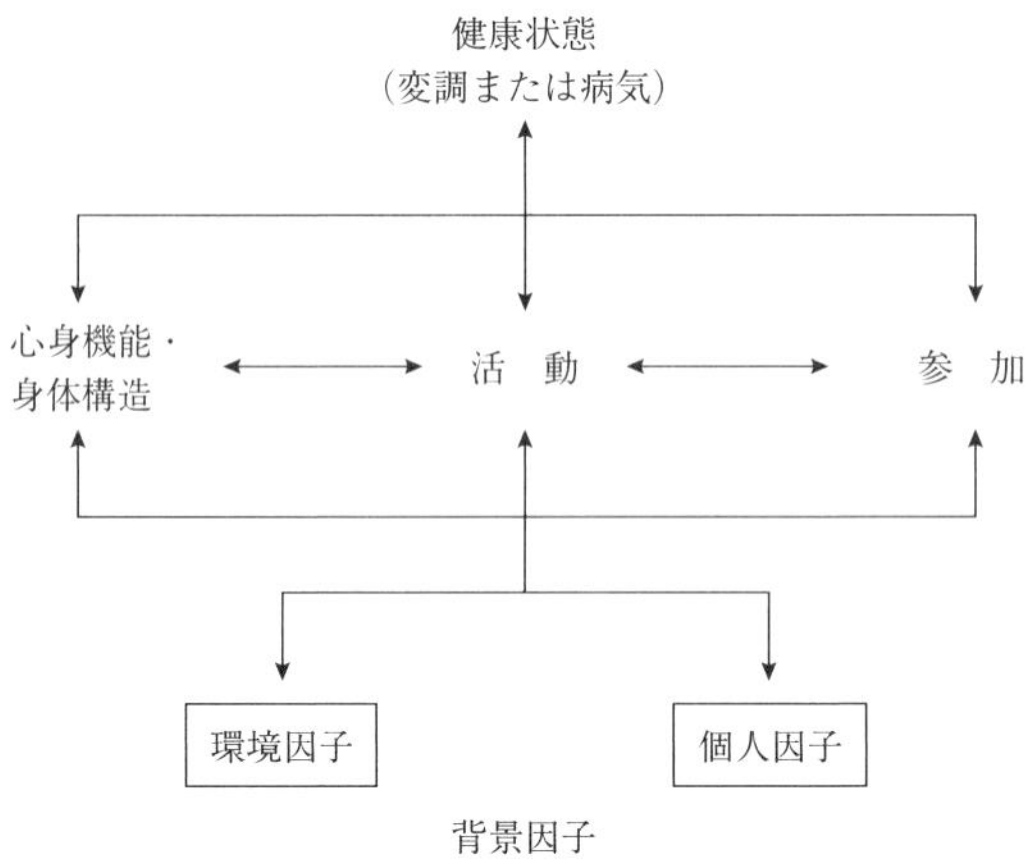

出所）http: //www. mhlw. go. jp/houdou/2002/08/h0805-1. html
visited Feb.24.2011）

的に捉えることが必要であることが提唱されてきた。このような障害の捉え方は、障害のある人が抱える障害がその人自体が問題であるために発生しているのではなく、社会のしくみや構造との関係で発生しているものであることを正確に理解するという点で有益なものであった。

このＷＨＯの国際障害分類の考え方をさらに推し進めて、より総合的に障害を捉えるために改定されたものが、二〇〇一年のＷＨＯ総会で採択された国際生活機能分類（ICF=International Classification of Functioning, Disability and Health）である。このＩＣＦが提案しているのが「人間と環境の相互作用モデル」と呼ばれるものである。まず、人間の生活機能を心身機能・身体構造と活動、そして参加という三つの次元で捉える。この生活機能は、健康状態の影響を受けることもあれば、環境因子の影響を受けることもある。その影響を受けたために生活機能が問題を抱えた場合を「障害」と捉えるのである。また、障害に対する主体的要素も全体の相互作用を理解するうえで欠かせな

表　ICFの各次元・要素の定義

背景因子	環境因子	社会の態度，建築物の特徴，法的および社会的構造，気候，地形など
	個人因子	性別，年齢，困難への対処方法，社会的背景，教育，職業，過去および現在の経験，全般的な行動様式，性格，その人が障害を経験する仕方に影響を及ぼすその他の因子
心身機能		身体系の生理的機能（心理的機能を含む）
身体構造		器官，肢体とその構成部分などの，身体の解剖学的部分
機能障害（構造障害を含む）		著しい変異や喪失などの，心身機能または身体構造上の問題
活　動		個人による課題や行為の遂行
活動制限		個人が活動を行う際の困難さ
参　加		生活・人生場面（life situation）への関わりのこと
参加制約		個人が生活・人生場面に関わる際に経験する問題

出所）「ビギナーズガイド：生活機能，障害，健康に関する共通言語にむけて：ICF　国際生活機能分類」（http://www.dinf.ne.jp/doc/japanese/intl/un/080128_mita_icfbg/index.html, visited Feb. 24. 2011）

いということから、性別、年齢、職業などの個人因子も含まれており、環境因子と合わせて背景因子として位置づけられている。

このように障害概念に関する国際的な議論は、従来の医学モデル（medical model）*か社会モデル（social model）かという議論を乗り越えて「人間と環境の相互作用モデル」と呼ばれる水準にまで達している。この捉え方は、全般的で複雑な障害の概念をその側面の一つに集約するという間違いをおかすことなく、医学モデルと社会モデルの中にある真理を統合したものである（「ビギナーズガイド：生活機能、障害、健康に関する共通言語にむけて：ＩＣＦ　国際生活機能分類」（http://www.dinf.ne.jp/doc/japanese/intl/un/080128_mita_icfbg/index.html, visited Feb. 24. 2011））。

＊　障害（disability）を病気や傷害、その他の健康状態から直接引き起こされた人の特性とみる。それは専門家による個別的な治療という形での医療を必要とする。このモデルでは障害は、個人のもつ問題を改善するために、医療あるいはその他の治療や介入を必要とする。

以上のようなWHOのICFに示されるような障害の構造的理解からすると、日本の公選法が医学モデルのみによって障害を捉えようとする方法は、かなり時代遅れとなっていることが理解できる。日本の既存の障害者福祉法制と同様に障害と障害者の定義を医学モデルの観点のみから限定的に捉えることによって、制度の谷間に落ちこぼれていく人を大量に生み出しているのである。

先に確認したように、参政権は、現代の民主制国家においてはすべての国民に対して無差別・平等に保障されなければならない基本的人権である。多くの障害を有する人々の参政権を侵害している現在の公選法は全面的に見直されなければならない。

5 「障害のある人の権利条約」が求めること

一九八一年の国際障害者年やそれに続く国連・障害者の十年、一九九三年の国連・障害者の機会均等化に関する標準規則、そしてESCAP「アジア太平洋障害者の十年」等々の国際的な活動に日本政府も対応するなかで、障害のある人々に対する施策は全般的には少しずつ前進してきたといえるだろう。しかし、障害のある人の参政権に限ってみてみると、先にみたように在宅投票制度の復活や政見放送に手話通訳をつける選挙が増えたことなど、障害のある人々の運動によって前進してきたと評価できることも多いものの、一九八一年に起きた玉野事件のときと公選法の基本的構造が変わらないなかで根本的な問題状況はほとんど変わっていないとも評価できる。

そうした状況において、二〇〇六年一二月の国連総会で「障害のある人の権利条約」が採択された。日本政府は二〇〇七年九月に署名し、批准を行う用意があるという意思表示を行っている。これに対して、日本障害フォーラムをはじめとする国内の障害のある人々の関連団体は、権利条約の批准が形だけのものにとどまらず、権利条約の思想と権利保障の水準が既存の国内法の改正に結びつくものとなるように、政府の動きを注意深く見守ると同時に、積極的に発言を行っている。

◉障がい者制度改革推進会議

二〇〇九年の総選挙で政権交代を果たした民主党政権は、同年一二月に内閣に障がい者制度改革推進本部を設置した。同本部は、「障害のある人の権利条約」締結に必要な国内法整備をはじめとする障害のある人に係る制度の集中的な改革を行い、関係行政機関相互間の緊密な連携を確保しつつ、障害のある人への施策の総合的かつ効果的な推進を図ることを目的としている。条約締結に必要な国内法整備の対象として挙げられているのが、次の三つの重要な法案の準備である。一つ目が障害者基本法の改正であり、二〇一一年に法案提出予定である。二つ目は差別禁止法の制定であり、二〇一三年に法案提出予定である。三つ目が障害者自立支援法に代わる総合福祉法の制定であり、二〇一二年に法案提出予定である。

この法案準備を進めるにあたって設けられたのが、障がい者制度改革推進会議であるが、ここでは、主に基本法改正案の検討が中心に行われている。そしてこの推進会議の下に部会という位置づけで、差別禁止部会と総合福祉部会が設けられている。これらの会議体で注目すべきなのは、その委員の構成であり、過半数以上の委員が障害のある当事者となっていることである。「障害のある人の権利条約」制定過程で繰り返し唱え続けられた有名なフレーズ「私たち抜きに、私たちのことを決めないで！（Nothing about us without us!）」の思想を、国内の政策形成過程で本格的に当事者の参加・参画を保障した画期的な構成となっている。また多様な障害特性を有する当事者の参加・参画を実質的に保障するために、その運営においても様々な配慮が行われている。たとえば、視力障害のある人のために点字資料、聴力障害のある人のために手話通訳、知的障害のある人のためにルビ付きの資料を用意し、そしてインターネットで会議の模様をオンデマンド配信する等々の配慮である。

二〇一〇年一月から開催された障がい者制度改革推進会議は精力的に議論を積み重ね、同年六月七日に第一次意見をまとめ、六月二九日付で「障害者制度改革の推進のための基本的方向について」として閣議決定されている。すなわち、政府の方針として承認されたのである。

この文書では、「障害者権利条約の締結に向け、国内法制をその理念・趣旨に沿う形で整備するとともに、日本が目指すべき社会である、障害の有無にかかわらず、それぞれの個性の差異と多様性が尊重され、それぞれの人格を認め合う『共生社会』を実現することを目的とし、制度改革を進めるにあたっての基本的考え方」として、以下の五点を挙げている。

1　「権利の主体」である社会の一員
2　「差別」のない社会づくり
3　「社会モデル」的観点からの新たな位置づけ
4　「地域生活」を可能とするための支援
5　「共生社会」の実現

「第一次意見」は、この考え方に基づいて、個別分野ごとの問題認識と具体的な改善課題についても言及している。政治参加に関しては、報告書二七頁から二九頁にかけて、選挙権や投票権の保障のために講ずべき改善措置をまとめている。

ここで挙げられているのは、選挙情報へのアクセス、投票所へのアクセス、選挙活動における配慮等の三点である。この三点に関係する国の機関は、総務省、法務省、国会関係に及ぶが、厚生労働省は含まれていない。

投票所までの移動の保障のために福祉サービスを利用しなければならない場合があるが、それらは別の項目におかれている。投票所にようやくたどり着いたとしても、そこでスロープやエレベーターがないなどの建物のバリアの問題が発生するために投票を断念する事例もあるという。福祉サービスは厚生労働省の管轄であり、公共建築物のバリアフリーの問題は国土交通省の管轄であり、手話通訳や点字公報の問題は総務省の管轄といったように、現在の縦割り行政のもとでは、それぞれがばらばらに問題解決の対応をすることになっている。投票権保障のための投票所までの移動の保障は、いったいどの行政機関がどのように責任をもつのかが明確にされなければならない。現在の障害者自立支援法のもとでは、ガイドヘルパーの利用回数制限のために、選挙投票日当日に利用できないといった問題が実際に生じているが、これは福祉サービスの問題であるからといって、選挙管理委員会等の行政機関は無関心であってよいのだろうか。投票権保障という最終目的のために、障害をもつ人々が必要とするサービスをトータルにコーディネートし、提供する責任を負う行政機関を明確にする必要があるだろう。

◉「障害のある人の権利条約」と公職選挙法

先に示したフレーズ「私たち抜きに、私たちのことを決めないで！」は、権利条約策定の過程において、すべての障害のある人々の共通の思いを示すものとして使用されたものである。単に保護される客体、自分の人生を自ら選択し、自ら決定することが許されない無力な存在ではなく、普通の市民と同等の権利をもつ主体であるという、人間としてのあたり前の思いが表現されたものである。

その意味で、「障害のある人の権利条約」に規定された権利は、まったく新しい権利として創造されたものではない。障害をもつがゆえに認められてこなかった普通の市民としての権利が再確認されているのである。そしてその権利を保障するには、それぞれの障害特性に応じて合理的に配慮することが必要であり、その合理的配慮を行うことは差別にはあたらないこと、逆に合理的配慮を否定することは差別にあたることが確認されているのである。

ここで注目しなければならないのは、伝統的な自由権と社会権の二分論からの転換が行われていることである。基本的人権といっても、自由権については即時的に保障されなければならないが、社会権の保障については漸進的でも構わないという議論が行われてきた。しかし、障害のある人の自由権の保障のためには社会権的手段が欠かせないのである（阿部浩已「権利義務の構造」松井亮輔・川島聡編『概説　障害者権利条約』法律文化社、二〇一〇年、参照）。参政権や投票権といった、国民として最も基本的な権利の保障についても、障害のある人に対してこれらの権利を保障するには、様々な社会権的な制度保障が欠かせない。

「障害のある人の権利条約」（二〇〇九年政府仮訳）第二九条は、「政治的及び公的活動への参加」について、以下のように規定している。

(a)　特に次のことを行うことにより、障害者が、直接に、又は自由に選んだ代表者を通じて、他の者と平等に政治的及び公的活動に効果的かつ完全に参加することができること（障害者が投票し、及び選挙される権利及び機会を含む。）を確保すること。

(i)　投票の手続、設備及び資料が適当であり、利用可能であり、並びにその理解及び使用が容易であることを確保すること。

(ⅱ) 適当な場合には技術支援及び新たな技術の使用を容易にすることにより、障害者が、選挙及び国民投票において脅迫を受けることなく秘密投票によって投票する権利並びに選挙に立候補する権利並びに政府のあらゆる段階において効果的に在職し、及びあらゆる公務を遂行する権利を保護すること。

(ⅲ) 選挙人としての障害者の意思の自由な表明を保障すること。このため、必要な場合には、障害者の要請に応じて当該障害者が選択する者が投票の際に援助することを認めること。

(b) 障害者が、差別なしに、かつ、他の者と平等に政治に効果的かつ完全に参加することができる環境を積極的に促進し、及び政治への障害者の参加を奨励すること。政治への参加には、次のことを含む。

(ⅰ) 国の公的及び政治的活動に関係のある非政府機関及び非政府団体に参加し、並びに政党の活動及び運営に参加すること。

(ⅱ) 国際、国内、地域及び地方の各段階において障害者を代表するための組織を結成し、並びにこれに参加すること。

権利条約を批准する際の国内法の整備として、この規定を反映させる形で公選法の関連規定を見直す必要がある。

まず前提として、障害概念やその定義について見直す必要が出てくるだろう。権利条約はそもそも障害の定義規定をおかず、前文で「障害が発展する概念であることを認め、また、障害が機能障害を有する者とこれらの者に対する態度及び環境による障壁との間の相互作用であって、これらの者が他の者との平等を基礎として社会に完全かつ効果的に参加することを妨げるものによって生ずることを認め」ているように、社会モデルを基本に、障害を捉えていることが理解できる。従来の障害者福祉法制や公選法の関連規定は、医学モデルに立って障害を捉えていたため、制度対象者が狭く限定されるきらいがあったが、権利条約の批准に際しては、代理投票や郵便投票の利用対象者の範囲を拡大することが必要になってくるであろう。

先に若干検討したように、投票権の保障については、自宅から投票所までの移動保障や投票会場内の移動保障などを、選挙管理委員会（以下、選管という）の責任でトータルにコーディネイトするべきだと考えられる。現在法案が準備されている総合福祉法がかなり充実したものとなり、予算措置も手厚く施され、いつでもどこでも自由に移動の保障手段を利用できることになれば、選管の果たすべき役割は小さくなるかもしれない。しかし、そうした事情がない限りは、多くの判例や学説も投票を具体的に実施する段階までが国および自治体の責任であるとするならば、基本的に選管の責任で対応されるべきであろう。

被選挙権に関わる問題のうち、障害のある人自身が候補者となった場合、誰がどの程度保障すべきかについては意見が分かれるところかもしれない。保障責任を担うべきなのは、候補者自身か、政党か、行政（選管）か、仮に政党であるとした場合に無所属の候補者はどうするのか、といった論点である。また、現行の公選法では、手話通訳者を選挙運動員として登録しなければならないこととされており、実情に合わない場面もある。手話通訳者は必ずしも候補者の政治的支持者であるとは限らず、また運動員の制限人数を通訳者等で消費してしまうと、他の選挙業務を行うための人員を確保できなくなってしまうからである。このような実情に合わない公選法規定は見直されなければならない。

選挙情報の保障については、現在は各選管で対応に大きな差が出ている。公選法に障害のある人への情報保障に関して選管が必ず行うべき合理的配慮に関する規定を創設すべきである。また、現状では、公選法の規定を根拠に政見放送の字幕や手話をつけないことが正当化されている。合理的配慮をしないことも差別であるという権利条約の考え方をふまえた改正が必要である。

全体として、どこがどのように法的責任を担うべきなのかをより具体的に考えながら、既存の法制度を検証していく必要があるだろう。

6　おわりに

「障害のある人の権利条約」のインパクトは、障害のある人に関する制度のみの改革にとどまるものではない。介護保険をはじめとする他の福祉制度にも影響を及ばさざるをえない。日本の貧しい福祉制度は、少ない資源を効率的に分配するために、利用対象者をなるべく制限するようなしかけが組み込まれてきた。介護保険はそもそも六五歳以上の高齢者に対象を制限している社会保険制度であるが、要介護認定や一割の自己負担というしかけによって、さらに利用対象者を絞り込んでいる。障害者福祉制度が現在議論されている方向で、なるべく対象者を絞り込まないように改正されていくべきであるとすれば、同じような福祉サービスを提供する介護保険にも影響せざるをえないと思われる。

論点を政治参加に戻して考えてみた場合はどうだろうか。権利条約の批准に向けて同条第二九条の要求する水準で公選法を見直した場合、障害のある人に対する合理的配慮に関する規定を追加するだけですむとは思えない。特定の限定された人に対して部分的に制限を緩和するといった、公選法が従来行ってきた対応ではすまない問題があることが見落とされないようにするべきである。すなわち、選挙の公正のために規制を行うことを基本としてきたこれまでの公選法のあり方が抜本的に見直されない限りは、権利条約があらゆる障害のある人の権利を谷間に漏れることなく保障しようとする思想との間に大きな乖離が生じてしまうからである。

まとめにかえて

■外国に学ぶ〝障害をもつ人の参政権〟

藤本文朗（滋賀大学名誉教授）

⊙日本の選挙制度は優れているか

日本の選挙制度は組織化されており、開票結果も数時間でわかり、期日前投票もあり、この意味では民主的国家のなかでは優れた選挙制度をもっているともいえよう。一方、外国の選挙の開票状況をテレビや新聞でみる限りでは、スピーディーではなく、時として一週間から一か月後に結果が出るような国もある。各国の選挙制度や実態を歴史・宗教・民主主義の成熟度を無視して単純に比較することに無理はあるが、今後日本の選挙制度をどう変えるかを諸外国の制度や実態から学び、具体的に示すことができれば幸いに思う。

外国の選挙制度や実態を調べるには、日本にある各国の大使館にアンケート調査するのが、最も手取り早い方法と考えられるが、文献や法律に書かれたものと実態とがかなりかけ離れていることがある。しかも聞き取りをする人は障害がない人なので、障害のある人に配慮した実態を知らないということもいえる。そこで、以下のような方法で資料収集を行った。

① 日本語の文献はすべて検索をし、外国のものについても、できるだけ原典にあたり、言語情報を最大限集める努力をしたが、中心は英語にならざるをえなかった。

②　大阪の浅野省三法律事務所が障害をもつ人々の参政権と関わる訴訟をしたときに、ある大手新聞社がこのテーマの特集をしたが、そのなかに各国の外務省のアンケート調査があった。この資料（主として欧米）が参考になった。

③　筆者が住む京都には多くの外国人——留学生や観光客——が来るので、不十分な英語ではあったが、彼らに直接聞き取り調査をした。

④　この問題に関わった訴訟における準備書面や意見書のなかで紹介されている諸国の選挙制度を参考にした。

⑤　数は非常に少ないが、日本の各国の特派員による記事も参考にした。

⑥　筆者が三〇年近く毎年留学訪問しているベトナムについては、多少現地で聞くことはできた。しかし法律も不十分であり、実態はその国を訪問すればわかるということでないことがわかった。

⑦　諸外国に数年以上住んでいる日本人と接触して、この問題の情報を得た。

以上のようにして情報を入手したが、単純に各国の投票率や障害をもつ人への配慮について、羅列的に比較して述べるだけで、この問題を深めることは無理なように思う。その国の一般の選挙制度全体を知ることなくして、障害をもつ人の参政権についてのみ論じることはできないといえよう。

⦿北欧の巡回投票、郵便投票に学ぶ

北欧とは、デンマーク、フィンランド、アイスランド、ノルウェー、スウェーデンの諸国である。これらの国々は日本より小国ではあるが、平和で民主主義が発展した国であり、また社会福祉もすすんでおり、選挙制度も優れているといわれている。女性の選挙権保障や一八歳からの選挙権、在住外国人の地方選挙権の実現にみられるように、障害をもつ人々の参政権保障の一面でもすすんでいる。ちなみに、二〇〇七年のアイスランドを除く四か国の女性議員の比率は三六・九～四七・二％ときわめて高い（日本は一二％。IPU「列国議会同盟」の発表データ）。

スウェーデンでは一般の投票者の約四〇％が投票日前に郵便で投票できる制度を利用している。障害をもつ人や高齢者は代理人による投票が大幅に認められており（夫、妻、子ども、本人の居住地区の郵便配達者）、郵送すればいい（しかし、一九九四年に郵便局が民営化され、代理投票人の責任問題で矛盾が出始めていることがおもしろい）。

一方、インターネットでの投票にはいたっていない（安全性の面で疑問点あり）。スウェーデンのように北欧では、巡回投票（投票事務の担当者が投票用紙と投票箱を持って有権者の自宅まで出向く）、郵便投票が障害をもつ人や高齢者だけに認められているのではなく、選挙権をもつすべての人を対象としている。

また、これらの国での地方議員はほとんどが勤め人で、議会が夜に開会されることもあり、誰でも議員になりやすい。そのうえ立会人や選挙管理委員会の職員はボランティアである場合も多く、巡回投票は簡単に実施することができる。一般の行政や司法にも多くの障害をもつ人や高齢者が加わって、計画策定などに参加している。加えて、「友愛訪問」などのボランティア活動が行われている。ほとんどの国に障害をもつ人の権利侵害を管理するオンブズマン法などがある。

日本でも公職選挙法（以下、公選法という）で、郵便投票について定めている。投票者本人が投票所に行って、投票箱に入れるという投票所投票主義の例外の参政権制度として認めている。しかし、日本でのこの制度は北欧諸国に比べ、障害をもつ人にとってはしばりがありすぎ利用しにくい、形式的な導入といえる。地域のボスが立会人の日本では、障害をもつ人が投票に行くこと自体に「心の段差」を感じるといわれている（井上吉郎氏のコラム参照）。また、自由な選挙活動を認めない、日本の公選法のなかでの適用ということと、福祉制度が不十分ななかで行われることにも注意しなければならない。

以上のような北欧の議会や選挙制度のしくみ、社会福祉のありようなど全体のなかで巡回投票、郵便投票を理解しないといけないのではないか。日本のようにただ北欧の巡回制度や郵便投票の制度＝形だけをまねて、障害をもつ人々の参政権が保障されているという錯覚をもってはならない。

⦿キューバの草の根の民主主義選挙に学ぶ

キューバの選挙は共産党主導ではない。アメリカの軍事力の圧力のもとで反政府的主張を述べている人は議員に立候補できないといわれるが、私が聞き取りでキューバに長く住んでいる人に聞いた限りでは、草の根、直接民主主義に基づく選挙が行われている。カストロの軍事服を着たイメージから、超軍事国の圧力下では独裁はやむをえないと思いがちだが決してそうではなく、キューバ共産党は選挙に直接は介入していないのである。

地方議会では具体的には、日本の町内会（一〇〇戸）レベルで話し合い、自薦他薦で立候補者二名が選ばれ、住民の直接選挙で一人選ばれる。カストロ自身も例外ではなくこの選挙のルートで選ばれている。ルーツはギリシャの直接民主主義にあるといえよう。まさに草の根の民主主義である。

キューバの選挙政度の歴史や現制度については、新藤通弘氏や後藤政子氏らの文献に詳しく触れられている。投票率は全国平均で九五・三％（一九九八年）、自由・平等・秘密投票、選挙権は一六歳以上、被選挙権は地区州議会一六歳以上、国会が一八歳と若い（キューバ憲法［二〇〇二年改正］第一四章）。

アメリカはキューバを独裁国家とみなし民主化を求めているが、キューバの「草の根型参加民主主義」とアメリカの代議員制間接民主主義（半ばおまつり）とどちらが真の民主主義選挙かが問われているといえよう。アメリカ型の選挙（投票率六〇％）が真の民主主議と考えるのは一種の独善で、独立国家はどんな選挙であれ自己決定で投票すべきであろう。かつてドイツでは議会制民主主義のなかでヒトラーが生まれていることをどう考えるかが問われている。

社会全体に民主主義がゆきわたり障害のある人の社会参加が徹底すれば、裁判員制度と同じように議員をクジで選出し、障害のある人がやってもおかしくないともいえまいか。世界諸国や日本の公職選挙においてこの制度では直接、障害のある人・高齢者に対しての「合理的配慮」に触れていないが、この制度自体が、障害のある人・高齢者にとっては直接参加しやすい型で、まさに欧米流にいってインテグレイトしているといえまいか。

◉発展途上国の選挙にこそ「発展国」は学べ

世界の人口の三分の二は発展途上国の人々で、非識字率も高く、選挙用紙の文字そのものが読めないのが実態だ。「民主主義の成熟度が低い」と欧米や日本の人々がいい、その人々が発展途上国の選挙時には「監視する」団体を派遣してチェックをする。独立国家に対して、なんと失礼なことか。そして、そこでの選挙には不正が多く、非民主的な選挙であるとの報道のみがマスコミをにぎやかしている。インド、アフリカ諸国の人々への聞き取りを通してのみの不十分な私の調査ではあるが、発展国の選挙制度においに役立つと思うので、その特徴を大まかに述べることとする。

① 投票用紙は非識字者が多いことも考えて文字でなく、候補者の写真が掲載され、所属政党・団体につ

いてはシンボルマークかロゴマークである。

② 投票は名前を書くのでなく、チェックだけ（×印か○印）か代理投票（北欧も同じ）。インドでは電子投票で、機械をもって巡回する。

③ 選挙制度自体は細かく制度化されているわけではないので不正が起こることもあるが、日本の公選法のように多くのしばりがなく、自由度が高い。障害をもつ人・高齢者にとってソフトで投票しやすいシステムといえる。

今日の日本の公選法のもとでも、これらの発展途上国の選挙システムから学ぶことはすぐに改正できる。日本の政党はシンボルマーク、ロゴマークを自主的に作成して一般のチラシ・文書で普及してほしい。そしてなじみになったシンボルマーク、ロゴマークを選挙公報に掲載すると、文字が読めない人や視覚障害の人にもわかりやすいだろう。写真も入れてほしい。投票用紙に候補者名を書くのでなく、チェックをするだけにすること。公選法の改正が必要ならただちに国会で審議することは可能であろう。最高裁判事の信任投票ではこれに近いことをやっているのだから。

⦿世界の諸国から部分的に学ぶこと

（1） 中国は共産党主導型であるが、職場の模範労働者・学生が立候補し、その職場に投票所を設け投票する。日本人にも居住地での付き合いより職場での付き合いが深く人柄を知っていることは重要といえないだろうか。あらかじめ投票地を居住地か職場・学園かの選択をしておけば、どちらでも投票できるようにすれば投票率は高くなり、障害をもつ人・高齢者にとっても投票しやすいといえよう。

（2） ドイツ・イギリスなどでは「投票弱者」という概念があり、それは障害者手帳を持っている人に限らず妊婦など広く理解されている。そしてその投票方法として①郵便、②巡回、③委託、の三つがある。③は第三者が代筆「ウソはつきません」という趣旨の宣誓書を提出すればいいだけである。投票率は八〇～九〇％という。日本の選挙管理委員会も禁止ばかりでなく、法令にしばられず「合理的な配慮」をすれば、住民の投票率もあがるだろう。民主主義の前進を第一に考えてほしいものだ。

（3）先進国では科学技術の成果によって投票用紙の改善が進んでいる。イギリスでは、視覚障害のある人用に、投票用紙の上にかぶせるプラスチック製の板が準備されている。そこはそれぞれの候補者を示す数字が刻んであり、視覚障害の投票者はどの用紙のどこにマークすべきかがわかるようになっている。タッチすれば音声が出る投票用紙も作ることができる。アメリカの選挙では候補者写真をタッチするタッチパネルの導入も試みられている。これら科学技術の成果を生かし、すべての投票に利用すれば電子投票機械も安くなるだろう。

（4）電子投票制度については先進国や科学技術の発展している国での試みはあるが、リスク（押し違い、あとでの点検がしにくい）があるので利用については慎重である。

（5）障害をもつ人・高齢者の被選挙権についていえば、革新政党ほどこの人々の公認をしていないのはなぜか。外国に学んでほしい。

◉日本が今から学んで選挙制度などに生かせる方向

日本は世界でも経済的に発展した国で、長寿国、識字率はほぼ一〇〇％と、まさに先進国であることはちがいない。しかし、選挙制度においては、悪名高き公選法を柱に、十分な人員配置がなされていない選挙管理委員会や選挙の実態に照らすと、日本は世界の後進国といえよう。

とりわけ若者（二〇歳代）の投票率が三〇％と低いのは、教育基本法に定められている「政治教育」（教育基本法の第一条には教育の目的として、子どもを平和な国家および社会の形成者として育てることが明記されている。学校教育法第一八条、第三六条、第四二条も参照）が高等学校・大学でなされていない（たとえば、学校に政党代表がきてどの政党の話を聞くかは学生の選択にするか、全政党の参加の討論会を学生の前でするとか）ことが原因の一つである。

わが国はみじめな選挙制度をもつ「民主国家」である。悲しむべきであろうか。否、わが国は世界に誇る日本国憲法をもっている。その前文に示されているように、平和主義、人権主義、平等主義など、りっぱな民主主義の理念を持っている。その理念を生かしきれない選挙制度や実態があるといわざるをえない。いくつかの裁判の判例はこのことを指摘している。障害をもつ人・高齢者の参政権に照らしてみることによって、真の民主主義・平等主義・基本的人権が選挙制度において実現されているかどうかがよくわかるだろう。

そこで、世界の選挙制度から学ぶ点を日本で具体的に実現するためのプロセスについて述べる。今の公選法を改正しなくてもやれることは山ほどある。

（1）聴力障害をもつ人が選挙活動を広く自由にやれることを考えれば、FAXやメールによる選挙活動は、総務省の解釈では公選法に触れるとされているが、私は堂々とやるべきだと思う。それによって逮捕された例を私は知らない。もし警察が逮捕すれば国民的運動によってははねかえすべきである。それはどの政党が票を伸ばすというような狭い力量でなく、民主主義の闘いといえよう。

（2）各政党は、知的障害のある人や認知症の人のことを考え、シンボルマークやロゴマークを決め、それを国民にアピールする。各党の選挙公報はカラー刷りでこれを示すべきである。必要に応じて候補者の写真を入れることも考えられる。

（3）巡回投票は、二〇〇四年四月の公選法改正時の附帯決議で示された。しかし、条例などをつくって具体的に実施している市民レベルでの実施をきいたことはない。

否、巡回投票は日本でも実施されている。私は二〇〇九年の京都府知事選挙で、自分の目でその実態をみることができた。不在者投票制度は公選法に決められているが、病院・高齢者施設などでのその施行の実態については選挙管理委員会（以下、選管という）がいくつかの文章を出している。それによると、病院長や施設長にその実施はまかされており、選管は不在者投票を希望する人々の封筒などを取りに来るように求める程度で、選管やその職員が不在者投票が行われている場所での選挙に立ち会うことすら実施していない。

病院や施設が投票箱を作り、投票所も設置し投票がなされるが、投票箱をベッドサイドまで持っていくことが認められている。このことが許されるのであれば、地域の巡回投票も許されるということであろう。

総務省や国会の議員はこのような実態を知っているのであろうか。このような実態からみれば、投票を希望するが投票所に行けない人（障害をもつ人や高齢者など）に対して、選管は最大限の努力によって、期日前投票も含め、投票を希望する人々の家を一軒ずつまわるべきである。

筆者はこのことを京都市内のある選管委員に訴えたが、そんな予算も財政的基盤もなく、少ない予算内で、迅速に結果を出すことを求められているという。まさに真の民主主義が土台から崩されているといえよう。私が主張するような巡回投票にかかる経費を試算すると、そんなに予算は要らない（予備費から支出可能な額である）。公選法のもとでも、選管がその気になればやることができるといえよう。各政党の合意のもとで選ばれた、国、都道府県、市町村、政令都市の区レベルの選管は、ただちにこのことを実施すべきである。

(4) 次に行うべきことは、公選法の抜本的改正である。私たちが行った二〇〇九年七月の衆議院議員選挙の各党へのアンケート調査によると、郵便投票については、現在認められているのは介護度5であるが4まで認めるべきとの回答を、自民党・公明党の二党から得ている。FAXの利用についてはどの政党も異論がないとのことであった。

しかし、本書フィールドIで示したような合理的配慮による具体的な改善案について同意はするものの、どの政党もこれらのことを考えての公選法の抜本的改革案を出すには至っていない。

また、民主党政権は障害をもつ人の制度の集中的な改革を行うために二〇〇九年一二月に障がい者制度改革推進者会議を設置。その会議において、政治参加や選挙に関する情報の保障などについて、弁護士・障害のある人の団体・学識経験者によって、前向きな方向で討議がされている。制度を改正するには立法的な手続きや予算的な裏づけが必要であり、そこに至る道は険しいといえよう。しかし、国会がこのことを真剣に討議して、数か月以内に公選法を改正することは可能ともいえよう。

少し次元が違うが二〇一〇年の国勢調査で初めて調査票の郵送が行われ、調査員の事務が軽減された。国会はこれらを参考にして、北欧の郵便投票制度の方向で早急に公選法を改正し、真に民主的な選挙制度にすべきだと考える。

【参考文献】

岡沢憲芙・宮本太郎編『スウェーデンハンドブック』早稲田大学出版部、二〇〇四年
オロフ・ペタション(岡沢憲芙ほか訳)『北欧の政治』早稲田大学出版部、二〇〇三年

京都府選挙管理委員会「指定病院等の不在投票事務取扱要領」二〇一〇年四月
後藤政子『キューバは今』御茶の水書房、二〇〇一年
自治総合センター『北欧諸国の選挙制度』一九八七年
藤本文朗「世界のくらしと文化　ベトナム②」『人権と部落問題』七九九号、二〇一〇年
山田健司「高齢社会における人権としての選挙権」博士論文要約付、二〇〇三年
ウォッチング障がい者制度改革推進会議、インターネット、録画中継二〇一〇年三月三〇日（www.nginet.or.jp/jdict/watch.html）

コラム10

選挙管理委員として

京都市伏見区選挙管理委員　高橋きみ

私は二〇〇七年六月から行政区選挙管理委員を委嘱されたが、どんな役割があってどんな仕事をするのかはっきりわかっていなかった。そんなとき藤本先生から「障害をもつ人々の参政権」についての学習会があるとお誘いを受けた。学習すると、目から鱗だった。

そうしているうちに二〇〇九年の衆議院選挙になった。区役所からは「この行政区は投票所の投票率が低いが、何とか高める必要がある」との課題が報告された。二〇一〇年になると、「投票に行きたくても、車イスでは行けない」「障害物の多いお寺さんのなかに投票所があって、そのうえ階段があるので『車イスでは無理』とあきらめているが、何とかならないか」という声が聞こえてきた。調べてみると、この寺の投票者での有権者は五三二三名もあり、早速現場に赴き、障害をもつ人、高齢者にとって困難な箇所を写真に撮り、正式な会議で示して発言した。

投票率を上げるためには、誰でも投票できる環境を作ることも必要であると、現場の改善を提案し、会場を変える方向で検討することを約束した。そして当面、代替投票所が近くにないので、スロープなどを付けることを決めた。知事選挙の前日に現場に行くと、スロープを付ける準備の最中だった。手すりも付けてあり、これなら車イスや高齢者の方にも安心して投票してもらえると思った。後日、有権者から「今度はスロープが付いていたので嬉しかった」との声を聞いた。

障害をもつ人の参政権保障に関わる主なあゆみ

年	国　内	国　外
1889 (明22)	2月　衆議院議員選挙法公布 ・不在者投票制度なし ・文字を自書できない人について吏員による代理投票を認める 2月　府議会議員選挙規則制定 ・文盲者のための代理投票を認める	
1899 (明32)	3月　府県制改正・郡制改正 ・代理投票禁止	
1900 (明33)	3月　衆議院議員選挙法改正 ・代理投票制度廃止（1948年復活）	
1922 (大11)	5月「点字大阪毎日」創刊 6月　岐阜の大垣市議選で点字投票が有効と認められ、以後、各地で点字投票の問題が議論され、点字投票が全国に拡大する。	
1923 (大12)	大阪毎日新聞慈善団点字巡回指導開始（点字投票公認運動の契機）	
1924 (大13)	5月　毎日新聞慈善団、内務大臣をはじめとして全国各府県知事・市町村長宛に、点字読み方一覧表と点字投票記載例印刷物を1000通以上送る。	
1925 (大14)	5月　衆議院議員選挙法改正（普選法） ・不在者投票制度が設けられる（船員、鉄道従業員、漁業者のため） ・点字投票を認める	
1926 (大15)	7月　府県制・市町村制改正 ・勅令をもって定める点字は、これを文字とみなす	
1935 (昭10)	7月　府県制・市町村制改正 ・不在者投票制度を採用	
1945 (昭20)	12月　衆議院選挙法改正 ・選挙権・被選挙権の性別要件撤廃＝婦人参政権を認める	10月　国際連合設立
1946 (昭21)	11月「日本国憲法」公布	
1947 (昭22)	2月　参議院議員選挙法制定 4月　地方自治法公布 ・身体に障害をもつ人の代理投票を認める	3月　ESCAP（アジア太平洋経済社会委員会）設立（1974年にECAFEから現在の名称に変更）

1948 (昭23)	7月　衆議院議員選挙法改正 ・身体に障害をもつ人の代理投票制度復活 ・不在者投票事由を法律に規定し、病人、妊婦のための在宅投票制度を設ける	4月　世界保健機関(WHO)憲章効力発生 12月　第3回国連総会「世界人権宣言」採択 ・世界精神衛生連盟（WFMH）結成
1949 (昭24)	12月 「身体障害者福祉法」公布（18歳以上の障害をもつ人に、身体障害者手帳・補装具の交付、更生援護など規定）	
1950 (昭25)	4月　公職選挙法制定 ・刑務所・代用監獄・少年院に収容中の者で、選挙権のある者について不在者投票を認める ・自書能力のない文盲者の代理投票を認める 5月 「精神衛生法」公布	・国連第11回社会経済理事会「身体障害者の社会リハビリテーション」決議
1951 (昭26)	3月 「社会福祉事業法」公布 ・統一地方選挙で在宅投票制度が悪用される	5月　第4回 WHO 総会（日本参加、加盟承認） 7月　戦後初の RI（1922年国際肢体不自由者福祉協会として設立、1972年国際障害者リハビリテーション協会と改称）世界会議（第5回）がストックホルムで開催
1952 (昭27)	4月 「身体障害者旅客運賃割引規程」を国鉄公示 8月　公職選挙法改正 ・在宅投票制度廃止（1974年復活） ・不在者投票は、不在者投票管理者の管理する投票を記載する場所においてのみ行うことができる	
1959 (昭34)	3月　社会福祉事業法の改正（知的障害者援護施設を第1種社会福祉事業にする）	・デンマーク「1959年法」制定（バンク・ミケルセンの唱えたノーマライゼーションの理念が基調になったもの）
1960 (昭35)	3月 「精神薄弱者福祉法」公布（1999年知的障害者福祉法に改正） 6月 「道路交通法」公布（身体に障害をもつ人の運転免許取得可能となる）	
1964 (昭39)	7月 「重度精神薄弱児扶養手当法」公布（家庭介護の重度知的障害児に、重度知的障害児扶養手当を支給）	・アメリカ「公民権法」制定
1966	7月　閣議決定で、総理府に「心身障害児	12月　国連・国際人権規約採択

(昭41)	対策連絡会議」を設置	
1968 (昭43)	5月　政令改正（第115号） ・都道府県の選挙管理委員会の指定する身体障害者更生援護施設および保護施設においても不在者投票が可能になる	〔国連の国際人権年〕 ・ILSMH 第4回世界大会で「精神薄弱者の一般的及び特別の権利に関する宣言（エルサレム宣言）」決議
1969 (昭44)	8月　政令改正（第228号） ・妊産婦や身体に障害をもつ人が不在者投票をしようとするときは、不在者投票事由証明書の提出に代えて母子手帳または身体障害者手帳の提示によって投票用紙の交付を請求することができる	
1970 (昭45)	5月「心身障害者対策基本法」公布	
1971 (昭46)	5月「立会演説会における手話通訳者の使用について」（自治管第114号） ・立会演説会における手話の公費保障 6月　在宅投票制度復活訴訟、佐藤氏、札幌地裁に提訴（24日）	8月　第6回ろうあ者世界大会（パリ）で「聴力障害者の権利宣言」決議 12月　第26回国連総会「知的障害者の権利宣言」採択
1974 (昭49)	6月　公職選挙法改正 ・身体に重度の障害のある者に対して郵便による不在者投票制度を創設（在宅投票制度復活） ・政令改正（第194号） ・不在者投票のできる施設として身体障害者療護施設を追加 12月9日　在宅投票制度廃止違憲訴訟、札幌地裁小樽支部判決	6月　国際障害者生活環境専門家会議がバリアフリーデザイン（建築上障壁のない設計）について報告書をまとめる
1975 (昭50)	4月　道路交通法施行規則の改正（運転免許の適性試験の基準の見直し）	12月　第30回国連総会「障害者の権利に関する宣言」採択
1976 (昭51)		5月　第29回 WHO 世界保健総会「障害の防止とリハビリテーション」採択 12月　第31回国連総会「国連障害者年（1981年）」決議〔テーマ「完全参加と平等」〕
1978 (昭53)	5月24日　在宅投票制度廃止違憲訴訟、札幌高裁判決	
1979 (昭54)	9月　国連・国際人権規約（市民的及び政治的権利に関する規約と経済的、社会的及び文化的権利に関する規約）批准	〔国連の「国際児童年」〕 12月　第34回国連総会「国際障害者年行動計画」決議（各国に「国内長期行動計画」策定等を勧告）
1980	4月「国際障害者年日本推進協議会」発	・WHO「国際障害分類試案」（ICIDH）発

(昭55)	足 6月　身体障害者の航空旅客運賃の割引実施 8月　政府の国際障害者年推進本部「国際障害者年事業の推進方針」を決定	表（障害を「機能障害」、「能力低下」、「社会的不利」の3つのレベルに区分）
1981 (昭56)	1月8日　玉野氏、法定外の選挙活動文書頒布により公選法違反として起訴される 2月　建設省「官庁営繕における身体障害者の利用を考慮した設計指針」を策定	〔国際障害者年（IYDP）〕 11月　障害者インターナショナル（DPI）第1回世界会議開催（シンガポール）
1982 (昭57)	3月　国際障害者年推進本部「障害者対策に関する長期計画」を決定 4月　障害者対策推進本部を設置（閣議決定） 7月　道路交通法施行令の改正（身体の障害に係る運転免許の欠格事由の見直し）	12月　第37回国連総会「障害者に関する世界行動計画」および「障害者に関する世界行動計画の実施」採択「国連障害者の十年」（1983～92年）の宣言
1983 (昭58)	3月　政府「障害者対策に関する長期計画」を策定 11月　公選法改正 ・立会演説会廃止	〔「国連障害者の十年」開始年〕
1985 (昭60)	8月　建設省「視覚障害者誘導用ブロック設置指針について」を通達（道路における視覚障害者誘導用ブロックの形状設置方法） 11月21日　在宅投票制度廃止違憲訴訟、最高裁判決、請求棄却	
1986 (昭61)	2月24日　玉野事件、和歌山地裁御坊支部有罪判決 ・参議院議員選挙の政見放送で、聴覚言語障害のある候補者に手話が認められず無言放送となる事件発生。自治省内に政見放送研究会が設置される	
1987 (昭62)	2月　政見放送および経歴放送実施規程改正（自治管第30号） ・音声・言語機能に障害のある者が、政見の録音または録画を行う場合に、録音物の使用を認める 3月　政令改正（第28号） ・労災リハビリ作業所でも不在者投票が可能になる ・郵便による不在者投票を行うことのできる選挙人に、小腸機能障害のある者を加	〔「国連障害者の十年」中間年〕

	える	
1989 （平1）	5月　厚生省、手話通訳士制度創設	
1990 （平2）	6月　通産省「情報処理機器アクセシビリティ指針」策定	
1991 （平3）	7月12日　玉野事件、大阪高裁控訴棄却判決 8月　障害者対策推進本部、「『障害者対策に関する長期計画』及びその後期重点施策の推進について」決定 12月　JR等の運賃割引が知的障害のある人へ適用拡大	7月　ADA（障害を持つアメリカ人法）公布〔アメリカ〕
1992 （平4）	6月　ILO第159号条約の批准	〔「国連障害者の十年」最終年〕 4月　ESCAP「アジア太平洋障害者の十年」（1993～2002年）決議 オーストラリア「DDA法（連邦障害者差別禁止法）」制定
1993 （平5）	3月　政府「障害者対策に関する新長期計画」を策定 4月「日本障害者協議会（JD）」設立（国際障害者年日本推進協議会を改称） 5月「身体障害者の利便の増進に資する通信・放送身体障害者利用円滑化事業の推進に関する法律」の公布（身体に障害をもつ人向けの通信・放送のサービスに対する助成等） 8月　運輸省「鉄道駅におけるエレベーターの整備指針」を策定 8月16日　玉野氏死亡により公訴棄却 12月　障害者基本法の公布（心身障害者対策基本法の改正）	4月　ESCAP「アジア太平洋障害者の十年」（1993～2002年）行動課題決定 12月　第48回国連総会「障害者の機会均等化に関する標準規則」採択
1994 （平6）	3月　運輸省「公共交通ターミナルにおける高齢者・障害者等のための施設整備ガイドライン」を策定 6月　自治省政見放送研究会報告により、翌年7月の参議院選挙から政見放送に手話通訳がつくようになる 6月　建設省「生活福祉空間づくり大綱」を策定 6月「高齢者、身体障害者等が円滑に利用できる特定建築物の建築の促進に関す	〔国連「国際家族年」〕 12月　第49回国連総会「障害者の社会への完全統合に向けて、『障害者の機会均等化に関する標準規則』と『2000年及びそれ以降への障害者に関する世界行動計画を実施するための長期戦略』の実施」を採択

	る法律」公布 8月　運輸省「みんなが使いやすい空港旅客施設新整備指針（計画ガイドライン）」を策定 9月　（財）交通アメニティ推進機構設立 10月　建設省「高齢者・身体障害者の利用に配慮した建築設計標準」を策定	
1995 （平7）	5月　手話通訳士協会「政見放送にかかる手話通訳士の倫理要綱」 5月　総理府「市町村障害者計画策定指針」を策定 12月　障害者対策推進本部「障害者プラン（ノーマライゼーション7ヵ年戦略）」を策定	11月　イギリス「障害者差別法」制定
1996 （平8）	10月　小選挙区制のもとで初めての総選挙が行われる。選挙期間が12日間に短縮されたため、点字の選挙公報作成が間に合わない等の知る権利の侵害があった	
1997 （平9）	5月　放送法及び有線テレビジョン放送法の一部を改正する法律成立	
1998 （平10）	10月　郵政省「障害者等電気通信設備アクセシビリティ指針」告示	
1999 （平11）	4月　運輸省「鉄道駅におけるエレベーター及びエスカレーターの整備指針」を策定 5月　「情報バリアフリー環境の整備の在り方に関する研究会」報告書公表 8月　障害者施策推進本部「障害者に係る欠格条項見直しの対処方針」を決定	
2000 （平12）	2月　郵政省「情報バリアフリー懇談会」報告書公表 3月　「バリアフリーに関する関係閣僚会議」第1回会合 4月　成年後見制度施行される。成年被後見人は公選法11条により選挙権も被選挙権も失ってしまう。 5月　建設省「高齢者・身体障害者等の公共交通機関を利用した移動の円滑化の促進に関する法律」の成立（11月15日施行）	
2001	6月　障害者施策推進本部申合せ「障害者	5月　WHO「国際生活機能分類（ICF）

(平13)	に係る欠格条項見直しに伴う教育、就業、環境等の整備について」 7月　参議院選挙で、兵庫県の視覚障害をもつ人が、投票所で投票用紙を誤って渡されたため、投票が無効になる事件が発生	採択 8月　国連社会権規約委員会、日本政府に対し、障害のある人々に対する差別的な法規を廃止し、かつ障害のある人々に対するあらゆる差別を禁止する法律を採択するよう勧告
2002 (平14)	3月　地方自治法改正により、地方議会における選挙において点字投票が可能になる 5月　内閣府「障害者等に係る欠格事由の適正化等を図るための関係法律の整備に関する法律」の成立 5月　全国選挙管理委員会連合会事務講習会で「点字投票用紙に点字で選挙名を記入することができる」と説明される 6月　国土交通省、障害者等に係る自動車等の運転免許の欠格事由の見直し及び身体障害者等の通行の保護を図るための規定の整備等を内容とする「道路交通法の一部を改正する法律」の施行 7月　国土交通省「高齢者、身体障害者等が円滑に利用できる特定建築物の建築の促進に関する法律（ハートビル法）の一部を改正する法律」の成立（2003年4月施行） 10月　国土交通省「旅客施設における音による移動支援方策ガイドライン」を策定 11月28日　ALS患者在宅投票訴訟、東京地裁違憲判決 12月　国土交通省「道路の移動円滑化整備ガイドライン」を策定 12月　障害者基本計画、閣議決定	5月　ESCAP「アジア太平洋障害者の十年」をさらに10年延長する決議採択 7月「障害者の人権及び尊厳を保護・促進するための包括的・総合的な国際条約に関する国連総会臨時委員会」（ニューヨーク国連本部）
2003 (平15)	2月10日　精神的理由による投票困難者の国家賠償請求訴訟、大阪地裁判決 4月　厚生労働省、身体障害者および知的障害者の福祉サービスについて、「措置制度」から「支援費制度」に移行 5月　総務省「高齢者・障害者によるICT活用の推進に関する研究会」報告	6月「第2回障害者の人権及び尊厳を保護・促進するための包括的・総合的な国際条約に関する国連総合臨時委員会」（ニューヨーク国連本部）
2004 (平16)	3月　公選法一部改正 ・郵便投票対象者に免疫障害のある人と介	1月「障害者の人権及び尊厳を保護・促進するための包括的・総合的な国際条約

	護保険法上の要介護度５と認定された高齢者を在宅郵便投票の対象者に追加 ・所定の身体障害をもつ人が、同時に上肢もしくは視覚に一級の障害がある場合に、代理記載による郵便投票を認める ６月　バリアフリーに関する関係閣僚会議「バリアフリー化推進要綱」決定〔内閣府〕 ６月　内閣府「障害者基本法の一部を改正する法律」の成立〔差別禁止理念の明示、障害者の日の障害者週間への拡大、都道府県・市町村障害者計画策定の義務化等〕 ９月16日　精神的理由による投票困難者の国家賠償請求訴訟、大阪高裁判決	起草作業部会」（ニューヨーク国連本部） ５月「障害者権利条約に関する国連総会アドホック委員会第３回会合」（ニューヨーク国連本部） ８月「障害者権利条約に関する国連総会アドホック委員会第４回会合」（ニューヨーク国連本部）
2005 （平17）	・衆議院小選挙区政見放送において持ち込み方式が認められるようになり、手話通訳をつけることが可能になる ２月　国土交通省「歩道の一般的構造に関する基準」を改正 ７月　国土交通省「ユニバーサルデザイン政策大綱」公表 ９月14日　在外日本人選挙権違法確認請求事件、最高裁違憲判決 12月　総務省「公共分野におけるアクセシビリティの確保に関する研究会」報告	１月「障害者権利条約に関する国連総会アドホック委員会第５回会合」（ニューヨーク国連本部） ５月「びわこミレニアム・フレームワークの実施：アジア太平洋障害者の十年の中間見直し」第61回 ESCAP 総会決議の採択（バンコク） ８月「障害者権利条約に関する国連総会アドホック委員会第６回会合」（ニューヨーク国連本部）
2006 （平18）	７月13日　精神的理由による投票困難者の国家賠償請求訴訟、最高裁上告棄却判決	１月「障害者権利条約に関する国連総会アドホック委員会第７回会合」（ニューヨーク国連本部） 12月　国連・障害者権利条約採択
2007 （平19）	３月「障がいを理由とする差別を禁止する法律」日弁連法案概要 ９月「障害者権利条約」署名 12月　障害者施策推進本部「重点施策実施５か年計画」の決定	９月　ESCAP「アジア太平洋障害者の十年の中間評価に関するハイレベル政府間会合」（タイ・バンコク）（「びわこプラスファイブ」の採択）
2008 （平20）	３月　バリアフリーに関する関係閣僚会議「バリアフリー・ユニバーサルデザイン推進要綱」の決定 ３月　総務省「政見放送及び経歴放送実施規定の一部を改正する件」が施行 10月　国連・規約人権委員会が、日本政府	５月３日　障害者権利条約発効

	に対し、「公選法の下での…表現の自由と参政権に対して課せられた非合理的な制約につき懸念を有する」と表明	
2009 (平21)	8月　衆議院比例区の政見放送に手話通訳が導入される 12月　障害者制度改革推進本部設置	
2010 (平22)	4月21日　障害者自立支援法訴訟、14地裁すべてで和解となる 6月7日　障がい者制度改革推進会議「障害者制度改革のための基本的な方向（第一次意見）」 9月22日　中津川市議会代読裁判、岐阜地裁判決一部勝訴 12月17日　障がい者制度改革推進会議「障害者制度改革のための第二次意見」	
2011 (平23)	2月2日　知的障害のある人が成年後見制度の利用により選挙権を失うのは違憲であるとして東京地裁に提訴	

資料）　矢嶋里絵作成「障害をもつ人々の選挙権保障のあゆみ」（井上英夫編著『障害をもつ人々と参政権』法律文化社、1993年）を基に「障害者施策の主な歩み」（http://www8.cao.go.jp/shougai/ayumi.html　2010年12月19日参照）を参考にして、バリア・フリーや参政権裁判に関する事項を加筆・修正して作成。

Horitsu Bunka Sha

2011年4月15日　初版第1刷発行

障害をもつ人々の社会参加と参政権

編著者　井《いの》上《うえ》英《ひで》夫《お》・川《かわ》崎《さき》和《かず》代《よ》
藤《ふじ》本《もと》文《ぶん》朗《ろう》・山《やま》本《もと》　忠《ただし》

発行者　田　靡　純　子

発行所　株式会社　法律文化社

〒603-8053　京都市北区上賀茂岩ヶ垣内町71
電話 075 (791) 7131　FAX 075 (721) 8400
URL:http://www.hou-bun.com

印刷：中村印刷㈱／製本：㈱藤沢製本
装幀　奥野　章
ISBN978-4-589-03320-8